A HIPÓTESE COMUNISTA

COLEÇÃO
ESTADO de SÍTIO

ALAIN BADIOU

A HIPÓTESE COMUNISTA

Tradução de Mariana Echalar

Publicado originalmente por Nouvelles Éditions Lignes, 2009, *L'hypothèse communiste*
Copyright desta edição © Boitempo Editorial, 2012
Copyright © Alain Badiou, 2009

Coordenação editorial	Ivana Jinkings
Editora-adjunta	Bibiana Leme
Tradução	Mariana Echalar
Revisão	Clara Altenfelder e Kim Doria
Capa	David Amiel sobre foto de Pierre-Ambroise Richebourg (barricada – Comuna de Paris, 1871)
Diagramação e produção	Livia Campos

CIP-BRASIL. CATALOGAÇÃO-NA-FONTE
SINDICATO NACIONAL DOS EDITORES DE LIVROS, RJ

B126h

Badiou, Alain, 1937-
 A hipótese comunista / Alain Badiou ; tradução Mariana Echalar. - São Paulo : Boitempo, 2012.
 (Estado de Sítio)

Tradução de: L'hypothèse communiste
ISBN 978-85-7559-194-9

1. Comunismo. 2. Filosofia. I. Título. II. Série

12-0511. CDD: 320.532
CDU: 321.74

É vedada a reprodução de qualquer parte
deste livro sem a expressa autorização da editora.

1ª edição: maio de 2012;
1ª reimpressão: agosto de 2016; 2ª reimpressão: agosto de 2019;
3ª reimpressão: setembro de 2020

BOITEMPO
Jinkings Editores Associados Ltda.
Rua Pereira Leite, 373
05442-000 São Paulo SP
Tel.: (11) 3875-7250 / 3872-6869
editor@boitempoeditorial.com.br | www.boitempoeditorial.com.br
www.blogdaboitempo.com.br | www.facebook.com/boitempo
www.twitter.com/editoraboitempo | www.youtube.com/tvboitempo

SUMÁRIO

Prefácio: O que é fracassar?.. 7

I. Somos ainda contemporâneos de Maio de 1968...................... 27

   1. Maio de 1968 revisitado, quarenta anos depois............. 29

   2. Rascunho de um início 43

   3. Essa crise é o espetáculo de qual real? 55

II. A última revolução? 61

III. A Comuna de Paris: uma declaração política
sobre a política 97

IV. A Ideia do comunismo.. 129

Obras do autor 149

PREFÁCIO
O que é fracassar?

1.

A partir de meados dos anos 1970, começa o refluxo da "década vermelha", iniciada pela quádrupla ocorrência das lutas de libertação nacional (Vietnã e Palestina, em especial), do movimento mundial da juventude estudantil (Alemanha, Japão, Estados Unidos, México...), das revoltas de fábrica (França e Itália) e da Revolução Cultural na China. Esse refluxo encontra sua forma subjetiva na negação resignada, no retorno aos costumes (inclusive eleitorais), na deferência à ordem capital-parlamentar ou "ocidental", na convicção de que querer mais é querer pior. Encontra sua forma intelectual no que, na França, foi batizado com o estranho nome de "nova filosofia". Sob esse nome, encontramos quase inalterados todos os argumentos do anticomunismo norte-americano dos anos 1950: os regimes socialistas são despotismos infames, ditaduras sanguinárias; dentro da ordem do Estado, devemos opor a esse "totalitarismo" socialista a democracia representativa, que é imperfeita, sem dúvida, mas é de longe a forma menos ruim de poder; dentro da ordem moral, filosoficamente a mais importante, devemos pregar os valores do "mundo livre", cujo centro e fiador são os Estados Unidos; a ideia comunista é uma utopia criminosa, que, tendo fracassado em todo o mundo, deve ceder o lugar para uma cultura dos "direitos humanos" que combine o culto da liberdade (inclusive, e em primeiro lugar, a liberdade de empreender, possuir e enriquecer, fiadora material de todas as outras) e uma representação vitimária do Bem. Na verdade, o Bem nunca é mais do que a luta contra o Mal, o que significa que devemos cuidar apenas daquele que se apresenta, ou é exibido, como uma vítima do Mal. Quanto ao Mal, ele é tudo aquilo que o Ocidente livre define como tal, o que Reagan chamava de "o Império do Mal". Voltamos então ao ponto de partida: a ideia comunista etc.

Hoje, essa aparelhagem propagandista tem pouco valor, por diversas razões; a principal é que não existe mais nenhum Estado poderoso que reivindique para si o comunismo ou mesmo o socialismo. É claro que inúmeros artifícios retóricos foram reciclados na "guerra contra o terrorismo", que na França ganhou ares de cruzada anti-islamita. No entanto, ninguém pode acreditar seriamente que uma ideologia religiosa, particularista, com uma visão social atrasada e uma concepção fascistizante da ação e de seu resultado, possa tomar o lugar de uma promessa de emancipação universal que se sustenta em três séculos de filosofia crítica, internacionalista e laica, empenha os recursos da ciência e mobiliza, em pleno coração das metrópoles industriais, tanto o entusiasmo dos operários quanto o dos intelectuais. A amálgama de Stalin com Hitler já decorria de um pensamento extremamente pobre, para o qual a norma de qualquer empreendimento coletivo é o número de mortos. Aliás, os genocídios e as matanças coloniais, os milhões de mortos das guerras civis e mundiais pelos quais nosso Ocidente forjou seu poder poderiam muito bem desqualificar, aos olhos dos mesmos "filósofos" que incensam sua moralidade, os regimes parlamentares da Europa e da América. O que restaria aos nossos escrevinhadores dos direitos para fazer o elogio da democracia burguesa como única forma do Bem relativo, eles que só vaticinam contra o totalitarismo acocorados sobre montanhas de vítimas? Hoje, em todo o caso, a amálgama de Hitler com Stalin e Bin Laden realça a sombria farsa. Indica que nosso democrático Ocidente não poupa o combustível histórico encarregado de movimentar sua máquina propagandista. É verdade que, nos últimos tempos, ele tem tido mais com que se preocupar. Às voltas com uma crise realmente histórica, depois de duas décadas de prosperidade cinicamente desigualitária, teve de moderar a pretensão "democrática", como já parecia fazer há algum tempo, à custa de muros e arames farpados antiestrangeiros, mídia corrompida e subjugada, prisões superlotadas e leis perversas. É porque tem cada vez menos meios de corromper a clientela local e comprar a distância regimes ferozes, os Mubarak ou os Musharraf, incumbidos de vigiar a manada de pobres.

O que restou do labor dos "novos filósofos", que nos iluminaram, isto é, emburreceram durante trinta anos? Qual é o último destroço da grande máquina ideológica da liberdade, dos direitos humanos, da democracia, do Ocidente e de seus valores? Tudo isso se reduziu a um simples enunciado negativo, modesto como constatação, nu como uma mão: no século XX, os socialismos, únicas formas concretas da ideia comunista, fracassaram totalmente. Eles próprios tiveram de voltar ao dogma capitalista e desigualitário. Diante do complexo da organização capitalista da produção e do sistema parlamentar de Estado, esse fracasso da Ideia nos deixa sem escolha: devemos aceitar, *volens nolens*. É por isso, aliás, que hoje devemos salvar os bancos sem confiscá-los, dar milhões aos ricos e nada aos pobres, jogar os nativos contra os operários de origem estrangeira, em resumo, administrar de perto todas as misérias, para que as potências sobrevivam. Não há escolha, escutem o que eu digo! Não que, como admitem nossos ideólogos, a direção da economia e do Estado pela cobiça de uns poucos vigaristas e a propriedade privada desenfreada sejam o Bem absoluto. É que esse é o único caminho possível. Stirner, em sua visão anarquista, falava do homem, agente pessoal da História, como "o único e sua propriedade". Hoje, é "a propriedade como único".

É por isso que devemos refletir sobre a noção de fracasso. O que significa exatamente "fracassar", quando se trata de uma sequência da História em que essa ou aquela forma da hipótese comunista é experimentada? O que quer dizer exatamente a afirmação de que todas as experiências socialistas sob o signo dessa hipótese "fracassaram"? Esse fracasso é radical, isto é, exige o abandono da própria hipótese, a renúncia de todo o problema da emancipação? Ou é apenas relativo à forma, ou à via, que ele explorou e em que ficou estabelecido, por esse fracasso, que ela não era a forma certa para resolver o problema inicial?

Minha convicção se esclarece com uma comparação. Consideremos um problema científico que, enquanto não é resolvido, pode assumir a forma de uma hipótese. Por exemplo, o "teorema de Fermat", do qual podemos dizer que é uma hipótese, se formulado da seguinte maneira: "Para n > 2, suponho que a equação $x^n + y^n = z^n$ não tem solução inteira (solução em que x, y e z são números inteiros)". Entre Fermat, que formulou a hipótese (ele afirmava que a havia demonstrado, mas isso é outra história), e Wiles, o matemático inglês que realmente demonstrou o teorema alguns anos atrás, houve inúmeras tentativas de justificação. Muitas serviram de ponto de partida para desenvolvimentos matemáticos de longuíssimo alcance, embora não tenham conseguido resolver o problema em si. Mas foi fundamental que a hipótese não tenha sido abandonada durante os três séculos em que foi impossível demonstrá-la. A fecundidade desses fracassos, de sua análise, de suas consequências, estimulou a vida matemática. Nesse sentido, o fracasso, desde que não provoque o abandono da hipótese, é apenas a história da justificação dessa hipótese. Como diz Mao, se a lógica dos imperialistas e de todos os reacionários é "provocação de tumultos, fracasso, nova provocação, novo fracasso, até sua ruína", a lógica dos povos é "luta, fracasso, nova luta, novo fracasso, mais uma vez nova luta, até a vitória".

Sustentaremos aqui, inclusive com três exemplos detalhados (Maio de 1968, Revolução Cultural e Comuna de Paris), que o aparente fracasso, às vezes sangrento, de acontecimentos profundamente ligados à hipótese comunista foram e ainda são etapas de sua história. Ao menos para aqueles que não se deixam iludir pelo uso propagandista da noção de fracasso. Ou seja: aqueles que a hipótese comunista ainda anima, enquanto sujeitos políticos, quer empreguem a palavra "comunismo", quer não. Na política, o que importa são os pensamentos, as organizações e as ações. Às vezes, nomes próprios servem de referência, como Robespierre, Marx, Lenin... Os nomes comuns (revolução, proletariado, socialismo...) já são bem menos capazes de nomear uma sequência real da política de emancipação, e seu uso se expõe rapidamente a uma presunção sem conteúdo. Os adjetivos (resistente, revisionista, imperialista...) são os mais comumente afetados pela propaganda. É que a universalidade, atributo real de um corpo de verdade, não dá a mínima aos predicados. Uma verdadeira política ignora as identidades, mesmo aquela tão tênue, tão variável, dos "comunistas". Conhece apenas aqueles fragmentos do real dos quais uma Ideia atesta que o trabalho de sua verdade está em curso.

2.

Entre meados e fim dos "anos vermelhos", dos quais falei acima, tive diversas oportunidades de me pronunciar sobre o fracasso, sobre o significado positivo das derrotas. Ou, mais exatamente, sobre sua natureza dialética. Uma derrota revolucionária é sempre dividida entre a parte estritamente negativa dela mesma, acusada com frequência no próprio momento (mortes, prisões, traições, perda de força, dispersão...), e a parte positiva, que em geral demora para se fazer valer (balanço tático e estratégico, mudança de modelos de ação, invenção de novas formas de organização...). Entre 1972 e 1978, escrevi o que chamei de "romanópera": *L'écharpe rouge* [A echarpe vermelha], publicada em 1979 pela Maspero e representada em 1984 em Lyon, Avignon e no Palais de Chaillot na forma de ópera, com música de Georges Aperghis e direção de Antoine Vitez. Essa obra seguia, às vezes linha a linha, o esquema de *O sapato de cetim*, de Paul Claudel* (que Vitez montou alguns anos depois em Avignon). Em resumo, eu aceitei o desafio lançado ao teatro político pela criação claudeliana de um teatro moderno e ao mesmo tempo cristão. Ora, o título da cena 6 do ato 2 é justamente: "Chœur de la divisible défaite" [Coro da divisível derrota]. Nunca vou me esquecer da força musical do coro (todos os cantores estavam vestidos de azul-operário), enquanto Pierre Vial, um ator excepcional, atravessava o palco com um guarda-chuva velho, murmurando com uma voz indecisa, entre convicta e nostálgica: "Comunismo! Comunismo!".

---

* Petrópolis, Vozes, 1970. (N. E.)

É preciso situar essa cena. Os dirigentes regionais do partido lançaram, no nordeste operário do país imaginário em que a ação acontece, uma espécie de insurreição civil, que continha em particular uma palavra de ordem de greve geral. Essa ofensiva dá título a todo o ato 2 da peça: "L'offensive d'automne" [A ofensiva de outono]. Ela fracassa completamente e é discutida, criticada e substituída, depois de discussões tumultuadas em todas as organizações revolucionárias, por uma ação militar dos rebeldes, dessa vez em direção ao sul do país.

A cena que quero citar vem logo depois do fracasso dessa "ofensiva de outono" prematura. Ela acontece de madrugada, no portão da fábrica Snoma. Os operários vencidos retornam de cabeça baixa, entre duas fileiras de militares, executivos e policiais. De acordo com a didascália, é "dessa multidão humilhada, de seu desfile compacto, que nasce o coro operário". Esse coro incide inteiro sobre a divisão e a subsunção das derrotas em um pensamento superior. Ei-lo:

> Assim, nas manhãs cor de terra morta, mais uma vez descemos muito baixo e muito solenemente nossas bandeiras. Nós nos esquecemos de nossa insurreição.
>
> Aqui estamos mais uma vez, nós, operários da Snoma, na cidade exangue, curvados e vencidos.
>
> Mais uma vez, nosso esforço não conseguiu forçar os termos do litígio a superar.
>
> O início da derrubada de seus lugares.
>
> Digo aqui a prematuração interrogativa da nossa retirada vigilante.
>
> Digo aqui o isolamento proletário na cidade incerta e na ofensiva distante.
>
> Digo aqui o fracasso e a amargura.
>
> Mas!
>
> Ninguém tem o poder de girar para sempre a roda da história ao contrário.
>
> É a hora compartilhada do acerto e do conhecimento, o tempo da tensão por que, para os vencidos,
>
> A má escolha de fracassar transforma-se na excelência combativa de um saber.
>
> [...]
>
> Cabe a nós vencidos, vencidos lendários, a continuação fabulosa de suas recusas!

Vocês! Oprimidos dos tempos passados! Escravos do Sol sacrifício, mutilados para o esplendor das tumbas? Homens da grande lavra, vendidos com a terra da qual herdaram a cor! Crianças que o encerro dos prados expatria para o serviço sangrento do algodão e do carvão! Vocês aceitaram? Ninguém aceita jamais! Espártaco! Jacquou le Croquant! Thomas Münzer!

E vocês: miseráveis das campinas, os taipings dos grandes loesses, cartistas e quebradores de máquinas, conspiradores do dédalo dos subúrbios, igualitários babovistas, *sans-culottes*, *communards*, espartaquistas! Toda a gente das seitas populares e dos sovietes dos imensos bairros, das seções da época do Terror, homens da foice e da espada, das barricadas e dos castelos incendiados! E a multidão de tantos outros trabalhando na obra violenta da invenção de sua plenitude,

E na invenção de sua plenitude trabalhando na obra das rupturas continentais da história!

Marinheiros jogando seus oficiais aos peixes carnívoros, utopistas das cidades solares abrindo fogo contra os postos avançados de seu território, mineiros quíchuas ávidos de dinamite! E aqueles rebeldes africanos em ondas sucessivas no fedor colonial, sob a proteção resplandecente de tantos escudos de pantera! Sem esquecer aquele solitário que arruma um fuzil de caça e, como um javali desconfiado, começa a resistência ao agressor nas florestas da Europa.

E o desfraldar de grandes cortejos de todos os tipos nas ruas: estudantes patibulares, moças para exigir os direitos das mulheres, bandeirolas dos grandes sindicatos clandestinos, velhos acordados pela lembrança das greves gerais, enfermeiras cobertas pelo véu, operários de bicicleta!

Cabe a nós a inumerável invenção e a simplicidade multiforme dos poderes populares: arengadores e guerreiros das ligas camponesas, profetas camisardos, mulheres dos clubes, das assembleias e das federações, operários e secundaristas dos comitês de base, de ação, de tripla união, de grande aliança! Sovietes de fábrica e de companhia militar, tribunais populares, grandes comissões nas vilas para a partilha das terras, inauguração de uma barragem para irrigação, formação da milícia! Grupos revolucionários para o controle dos preços, execução dos prevaricadores e vigilância dos estoques!

Ou aqueles, pouco numerosos, e estamos em época de contracorrente, que guardam a ideia certa no subsolo rangedor das rotativas manuais.

Ou aqueles ainda, armados de longos bambus, que têm saber para furar os policiais mais gordos, e todo o resto lhes é obscuro! Vocês todos! Irmãos da imensa história! Vocês julgam nosso fracasso e dizem: a que vocês renunciam? Nós mesmos não fracassamos além de qualquer palavra? Nós não fracassamos interminavelmente?

Que se levante aquele, de face lívida, que ousa nos acusar desse fracasso em juízo! E que engula sua vergonha!

Nós engendramos sua certeza incerta. E sua força na iminência vitoriosa é apenas o legado, a substância e a retificação da nossa empreitada aparente.

Vocês vão anular, resignados, nosso esforço gigantesco, e todo o parto histórico de nossa revanche universal,

No veredito reacionário e na cabeça baixa do vencido?

Não! Eu digo: não!

Os satisfeitos e os medrosos não olham para nós. É a memória popular tenaz que abre neste mundo esse grande buraco em que é plantado, de século em século, o semáforo do comunismo!

Povos de todos os tempos! De todos os lugares! Vocês estão entre nós!

Eu gostaria apenas de salientar a relação, expressa como peroração de todo esse texto, entre a possibilidade de superar subjetivamente a derrota e a vitalidade internacional e supratemporal da hipótese comunista. Assim, a reflexão sobre os fracassos muda completamente se a unimos não à pura interioridade, pensante ou tática, de uma política, mas à junção entre essa política e sua historicidade. O pensamento dos fracassos situa-se no ponto em que uma política comparece, inclusive a seus próprios olhos, diante do tribunal da História, tal como a hipótese comunista representa e imagina sua consistência.

3.

No início dos anos 1980, fomos convocados para um balanço diferente dos acontecimentos. Os "anos vermelhos" haviam acabado de vez. O governo Mitterrand recuperou as ilusões e as quimeras da "esquerda", que consistem basicamente em corromper uma fração da pequena burguesia, convidando-a para as bandas do poder (até Deleuze foi jantar na casa do presidente) e distribuindo crédito às "associações" que ela tanto aprecia. "Política cultural" designa bastante bem esse sistema de ilusões. Temos aqui uma derrota inglória, um fracasso instalado e irreconhecível, que durou mais de vinte anos (até a crise atual, talvez). Seu nome: Partido Socialista. Ah, teríamos de poder dizer, como dizia Aragon oitenta anos atrás, dopado por Stalin: "Fogo contra o urso sábio da social-democracia!". Mas ninguém pensa nisso.

Por outro lado, é bem verdade que os últimos sobressaltos do socialismo de Estado e das lutas armadas que foram associadas a ele foram de uma violência indefensável. Mesmo as guardas vermelhas da Revolução Cultural, assim como muito frequentemente a juventude entregue a si mesma e agindo em bandos, cometeram inúmeros crimes graves nos momentos mais confusos da Revolução Cultural. No Camboja, os revolucionários *khmers* vermelhos acreditaram que poderiam empregar comandos de moças e rapazes muito jovens, que haviam sido tirados de uma massa camponesa desde sempre oprimida e invisível e aos quais foi dado de repente o poder de vida e morte sobre tudo que lembrava a velha sociedade. Esses jovens matadores, cuja descendência se perpetua até hoje, em especial na África, submeteram o país a um reinado de revanche cega, devastando-o implacavelmente. No Peru, os métodos do Sendero Luminoso para disciplinar os camponeses índios revoltados não foram muito diferentes: "Quem é suspeito de não estar comigo deve ser morto". É evidente que a propaganda dos "novos filósofos" fez uso ilimitado desses episódios pavorosos.

Estávamos então diante de uma espécie de desdobramento da noção de fracasso. Tínhamos diante dos olhos o fracasso clássico de direita: a adesão dos cansados da ação militante às delícias do poder parlamentar, a passagem apóstata do maoismo ou do comunismo ativo para a cadeira macia de senador socialista da Gironda. Mas não podemos esquecer o fracasso da "extrema-esquerda", aquele que, tratando com brutalidade e morte qualquer contradição, mesmo a mais ínfima, encerra todo o processo nos sombrios limites do terror. De fato, esse desdobramento parece inelutável nos momentos em que a dinâmica política das revoluções não consegue mais inventar seu devir, afirmá-lo por si só. Robespierre, por volta de 1794 e, portanto, de seu próprio fracasso, teve de lutar em duas frentes: contra os "citrarrevolucionários", os direitistas que seguiam Danton, e contra os "ultrarrevolucionários", os furiosos que seguiam Hébert. Dediquei uma peça a esse problema: *L'incident d'Antioche* [O incidente de Antioquia]. Ela também segue o esquema de uma peça de Paul Claudel, *La ville* [A cidade]; por outro lado, utiliza episódios fundamentais da pregação de são Paulo, em especial a oposição entre Paulo e Pedro, ocorrida em Antioquia, sobre a questão da universalidade da mensagem. A ideia é que o motivo revolucionário não deve nem se prender à particularidade tradicional (permanecer nos rituais do ser judeu no caso do apóstolo Pedro ou, no caso dos renegados contemporâneos, assumir como intransponíveis as leis da economia de mercado e a democracia representativa) nem ter como único desafio a destruição dessas particularidades (como o antissemitismo de origem cristã ou a execução dos defensores do velho mundo pelos *khmers* vermelhos). A universalidade, representada na peça pela personagem de Paula, pressupõe que resistamos simultaneamente ao fascínio dos poderes estabelecidos e ao fascínio de sua destruição infecunda. Nem continuação pacífica nem sacrifício derradeiro. A política é uma construção, que, sem dúvida, *separa-se* daquilo que domina, mas que – pela violência, se necessário – protege essa separação apenas na medida em que, ao longo do tempo, ela esclarece que só ali se encontra um lugar habitável por todos, sob a norma da igualdade.

L'incident d'Antioche conta uma revolução vitoriosa, terrivelmente destrutiva, cujos líderes tomam a decisão inaudita, pelos motivos que acabo de mencionar, de renunciar ao poder que conquistaram.

O primeiro trecho que cito aqui mostra a renúncia de Cefas – que dirigiu a revolução à custa de terríveis destruições – a qualquer função. Ele renuncia porque ama apenas a destruição e profetiza que agora eles reconstruirão, edificarão, criarão um novo Estado, e isso o aborrece por antecipação. Ele se expressa assim:

Cefas: O fim. Eu me estenderei nas cinzas dos Estados. Vou embora daqui com os velhos textos. Adeus, parto, abandono.

Camila: Como! Cefas! Você não pode largar tudo! Você não vai decapitar a empreitada no meio do desastre e da necessidade!

Davi: Sem explicação! Sem crítica! Virar as costas no momento em que é preciso juntar as pedras!

Cefas: Esse foi o motivo por que me uni a vocês na jurisdição do comando, nós o cumprimos. O golpe que acelerou o declínio do país, levado de volta por nós a sua aterrorizante origem, nós o demos. Além da vitória, existe apenas a derrota. Não, não! Não a derrota no repentino e na reviravolta! A derrota lenta, inevitável, de quem deve compor com o que é.

Não a derrota inútil e cheia de glória, não a catástrofe lendária! Ao contrário, a derrota útil e fecunda, a derrota que traz de volta a paz do trabalho e restaura a força do Estado.

Eu lhes deixo a grandeza desse tipo de derrota, não por orgulho ou desinteresse da paciência dela, mas porque sou inapto para ela.

Hoje eu atrapalho, pela ordem do meu pensamento da desordem, o imperativo da edificação.

[...]

Entretanto, que a mentira venha para a claridade! Do que destruímos sob nossos pés,

Que o escombro engastado na restauração conserve seu império sobre vocês, e que o mau cheiro

Permaneça!

Camila: Cefas, não vá.

Davi: Fique. Seja a inquietude, se o poder o ofende.

Cefas: No princípio, eu gostei de ser chefe. Não eram coisas desprezíveis:

A circular, breve como um telegrama amoroso, que põe de pé na outra ponta do país secundaristas revoltados com a escola, ou fomenta no leilão dos subúrbios uma algazarra de fábrica.

A ovação na tribuna no verão da multidão, entre as bandeiras vermelhas e os retratos.

Ou a pausa dos tiros das armas, no inverno caravaneiro.
Mas tudo isso teve seu apogeu, e só resta o medo do olhar.
É por isso que eu saio do círculo, vencendo a greda da glória.

Vemos que o fracasso para o qual Cefas não se sente competente é o fracasso de direita, o "lento" fracasso sem glória das reconstruções, das repetições. O momento em que, da revolução, retornamos ao Estado.

É do outro fracasso, o da fúria cega, que fala Paula, quando ela manda seu filho, que se tornou dirigente após a partida de Cefas, deixar o poder. Eis a cena:

Davi: O que você quer exatamente?
Paula: Eu já disse. Que você abandone o poder.
Davi: Mas que obstinação é essa de exercer a função materna na direção contrarrevolucionária?
Paula: A contrarrevolução são vocês. Vocês enfraquecem até os vestígios da vontade de justiça. A política de vocês é vulgar.
Davi: E você é muito distinta.
Paula: Me escute. Me deixe tomar o tom masculino. Nossa hipótese não foi em seu princípio que resolveríamos o problema do bom governo, não é? Nós não nos metíamos com as especulações dos filósofos sobre o Estado ideal. Nós dizíamos que o mundo podia suportar a trajetória de uma política rescindível, de uma política destinada a acabar com a política. Isto é, com a dominação. Você concorda com isso.
Davi: Estou acompanhando, professora.
Paula: Acontece que a realização histórica dessa hipótese se dissipou no Estado. A organização libertadora se fundiu com o Estado. É preciso dizer que, na clandestinidade e na guerra, ela estava inteiramente ordenada para a conquista.
Assim, a vontade emancipadora se desviou da sua própria origem. Ela deve ser *restituída*.
Davi: O que você quer dizer com isso?
Paula: Quero dizer que ela deve ser *substituída*.
Nenhuma política justa pode dizer, hoje, que continua o trabalho anterior. Foi dado a nós descer de uma vez por todas a consciência, que organiza a justiça, a igualdade, o fim dos Estados ou dos tráficos impe-

riais, desse pedestal residual em que a preocupação com o poder capta apenas para ela todas as energias. Que imenso alcance pode ter, feita por vocês, a proclamação de uma fidelidade cuja forma prática seria vocês retomarem o caminho da consciência coletiva e da transformação em sujeito! Vocês deixariam o Estado para quem gosta de suas pompas e da estupidez fatal.

Davi: Existe atrás de nós, como um imperativo superior a nossa vontade, o sacrifício de milhares de pessoas, cujo único sentido é a nossa vitória. Por uma abdicação sublime, vamos reunir no verão do absurdo um povo inteiro de mortos?

Paula: Já nos aplicaram o golpe do partido dos fuzilados. De que adianta pôr o senso político sob a jurisdição dos mortos? É de péssimo augúrio. Mas note que, hoje, as pessoas morrem aos montes, não pela vitória, mas por causa da vitória. Seja qual for sua escolha, você será obrigado a selecionar entre os cadáveres aqueles que o justificam.

Davi: Aonde leva essa chantagem moral? A piedade não serve para nada. Na devastação, a ordem é reconstruir. Se for preciso emprestar do passado, nós faremos isso sem medo. Quem vai pensar que, depois de tamanha sacudidela, o antigo estado de coisas vai ressurgir como se nada tivesse acontecido? O mundo mudou para sempre. Basta se fiar nisso. Minha querida mãe, você saiu um pouco debaixo demais das coisas. Você está muito longe da decisão.

Paula: Velha manha, Davi! Eu lhe proponho justamente a única decisão possível. Todo o resto é apenas gestão dos contrários, pelos meios brutais que estão à disposição de vocês. É claro que vocês vão fazer coisas novas! Vocês vão pintar a superfície do Sol de cinza.

Davi: Me diga precisamente quem você é. Você condena o que estamos fazendo? Você está do lado dos brancos, da escória que se tranca em casa? Recuperei toda a minha frieza, fique sabendo.

Paula: Vocês fizeram um trabalho inelutável. A pequena fera imperial foi abatida, jaz entre suas colinas. Vocês foram os sacrificadores. Por vocês, o primeiro ciclo da história da justiça se consumou. É por isso que vocês podem anunciar o começo da sua segunda força.

Davi: Com certeza não é a força que você propõe. Renunciar a ela, e por um bom tempo.

Paula (tira do bolso uma folha grande de papel e a desdobra): Olhe esse mapa militar. Meu irmão Claude Villembray me deu, pouco antes de o executarmos. Aqui está o sonho, aqui está a infância. Ele bem que gostaria de ter conquistado a terra, como qualquer velho rei. Vocês vão continuar interminavelmente essa paixão pueril? A grandeza singular da espécie humana não é a força. O bípede sem penas deve se apropriar dele mesmo, e contra todas as probabilidades, contra todas as leis da natureza e contra todas as leis da história, seguir o caminho tortuoso que leva a que qualquer um seja igual a todos. Não só no direito, mas na verdade material.
Davi: Como você está exaltada!
Paula: Engana-se. Eu exorto você a abandonar toda exaltação. A decisão que você deve tomar é fria. Para quem se entrega à paixão das imagens, ela é incompreensível. Deixe sucumbir a obsessão da conquista e da totalidade. Tome o fio da multiplicidade.
(Longo silêncio.)
Davi: Mas me diga, Paula, como não dispersar e desunir tudo no gesto inaudito que você propõe?
Paula: Não pense que trago uma receita. Já que durante tanto tempo o impasse foi o de que a política tinha seu centro e sua representação apenas no Estado, eu digo que vocês devem forçar esse impasse e fazer com que a verdade política circule duradouramente em um povo amparado nos locais de fábrica, abrigando-se do Estado por sua firmeza interior. Ele é como um acontecimento, tão irrepresentável quanto é, no teatro, o trabalho do qual resulta que a ação, diante de nós, é misteriosamente única.
Davi (desconcertado): Mas por onde começar o que você diz que não tem começo?
Paula: Descubram aqueles que importam. Sigam o fio do seu discurso. Organizem a sua consistência, com o fito do igual. Que haja nas fábricas núcleos da convicção política. Nas cidades e no campo, comitês da vontade popular. Que eles transformem o que é e elevem-se à generalidade das situações. Que eles se oponham ao Estado e aos comerciantes desonestos da propriedade, na medida exata de sua força imanente e do pensamento que eles exercem.
Davi: Isso não é estratégia.

Paula: A política por vir é apenas dar forma e raiz a sua própria formulação. A política é unir em torno de uma visão política, subtrair da dominação mental do Estado. Não me pergunte mais nada além desse círculo, que é o círculo de todo pensamento inicial. Nós estamos fundando uma época sobre uma tautologia. É natural. Parmênides fundou a filosofia por dois mil anos apenas proclamando, com a devida clareza, que o ser é e o não ser não é.

Davi: Política é fazer ser a política, para que o Estado não seja mais.

(Silêncio.)

Paula: Filho! Meu filho! Você quer confiar nesse pensamento, em que a velha hipótese, a antiga interpretação recidiva, depois de uma primeira história errante?

Davi: Estou zonzo. Vejo claramente o insolúvel.

Paula: Uma política, uma única.

Davi: Eu confio.

Paula: Tenho confiança de que uma política é por mim mesma real, livre da captura do Estado, irrepresentável e incessantemente decodificada.

Tenho confiança de que seguir a inteligência do querer o que é designado orienta lentamente a força de um sujeito que deve se excluir
Do reino da dominação.

Sei que esse trajeto é feito na unicidade de sua consistência, e na obstinação de sua sutileza.

Tenho confiança na infinita libertação, não como quimera ou anteparo do déspota, mas como figura e combinação ativa, aqui e agora, daquilo por que o homem é capaz de outra coisa
Além da economia hierárquica das formigas.

Davi (com uma voz monocórdica): Tudo isso. Tudo isso.

Paula: Tome o ferro, meu filho, pela sua confiança renovada. Que a luta milenar pelo poder se transforme aqui na luta milenar pelo seu rebaixamento. Sua realização.

Davi: Ó decisão soberana! Honra do inverno imoderado!
Contudo, eu promovo a paciência. Mas você, mãe, onde é seu lugar agora?

Paula: O que eu podia fazer, pode-se dizer, sim, pode-se dizer realmente que eu fiz.

(Eles se abraçam.)

Vemos em tudo isso como "fracassar" está sempre muito perto de "vencer". Uma grande palavra de ordem maoista dos anos vermelhos dizia: "Ousar lutar, ousar vencer". Mas sabemos que, se não é fácil obedecer a essa palavra de ordem, se a subjetividade receia não tanto lutar, mas vencer, é porque a luta expõe à forma simples do fracasso (o ataque não deu certo), enquanto a vitória expõe a sua forma mais temível: perceber que vencemos em vão, que a vitória prepara a repetição, a restauração. Que uma revolução nunca é mais do que um entremeio do Estado. Daí a tentação sacrifical do nada. O inimigo mais temível da política de emancipação não é a repressão pela ordem estabelecida. É a interioridade do niilismo, e a crueldade sem limites que pode acompanhar seu vazio.

4.

Se considerarmos as coisas de modo menos poético, mais descritivo, mais histórico, descobriremos talvez no devir das políticas de emancipação não dois, mas três tipos de fracassos bastante distintos.

O mais bem atestado, ou o mais circunscrito, é o fracasso de uma tentativa em que, detendo provisoriamente um poder sobre um país ou uma zona, procurando estabelecer novas leis, os revolucionários são esmagados pela contrarrevolução armada. Entram nessa categoria inúmeras insurreições, das quais as mais conhecidas são talvez a dos espartaquistas em Berlim, após a guerra de 1914, em que morreram Rosa Luxemburgo e Karl Liebknecht, e as de Xangai e Cantão na China, nos anos 1920. O problema desse tipo de fracasso é sempre a chamada "relação de forças". Ela se reduz a um problema que combina, de um lado, o grau de organização dos destacamentos populares e, de outro, a oportunidade do momento no que diz respeito à desorganização da força do Estado. O balanço positivo da derrota tratará de imediato das novas disciplinas exigidas para o sucesso insurrecional. Mais adiante, e com mais disputa, o que estará em questão será a capacidade de alinhamento dos rebeldes à ampla massa das populações "civis". O exemplo paradigmático dessas discussões é o encaminhamento histórico do balanço da Comuna de Paris. De Marx até hoje, passando por Lissagaray, Lenin ou os revolucionários chineses de 1971, esse balanço permanece em debate. Examino mais uma vez esse caso no terceiro estudo desta coletânea.

O segundo tipo de fracasso é o de um amplo movimento em que se engajam forças discordantes, mas numerosas, sem que estabeleçam realmente um objetivo de poder, embora ponham as forças do Estado reacionário na defensiva por um longo período. Quando esse movimento recua, a questão, vista da completa restauração da ordem antiga, ao menos em suas grandes linhas, é saber qual é a natureza da ação, e quais são suas consequências. Entre a ideia de que houve ali apenas imaginação e a de que se trata de um corte decisivo na concepção que se deve ter do que é uma política libertadora, o leque permanece aberto por um bom tempo. Talvez o primeiro movimento desse tipo seja a Fronda, no início do século XVII, na França. O movimento de 1911 na China tem muitos de seus traços. Um modelo mais recente é talvez o mítico Maio de 1968, que ainda provocou inúmeras publicações e discussões apaixonadas em seu quadragésimo aniversário. Dedico a ele o primeiro estudo deste livro.

O terceiro tipo de fracasso é uma tentativa de mudar o Estado, que se declara oficialmente socialista, para ordená-lo mais diretamente na direção associativa livre que, desde Marx, a hipótese comunista parece prescrever. O fracasso nesse caso é que o resultado vem em sentido contrário: ou a restauração do terrorismo do Estado-partido, ou o abandono puro e simples de qualquer referência ao socialismo ou, mais ainda, ao comunismo e o alinhamento do Estado às imposições desigualitárias do capitalismo, ou ambos, o primeiro preparando o segundo. Houve o que podemos chamar de formas brandas dessa tentativa, por exemplo o "socialismo de rosto humano" na Checoslováquia, esmagado pelo Exército soviético em 1968. Houve formas bem mais significativas, como o movimento operário polonês Solidarność entre 14 de agosto de 1980 (início da greve nos estaleiros de Gdansk) e 13 de dezembro de 1981 (declaração do estado de sítio). A forma realmente revolucionária, e que animou o maoismo francês entre 1965 e 1976, foi a GRCP (Grande Revolução Cultural Proletária) na China, ao menos durante sua sequência maciça e aberta, isto é, entre 1966 e 1968. É a esse episódio que dedico o segundo estudo deste livro.

5.

O retorno da palavra "comunismo" e, com ela, da hipótese geral que pode envolver os processos políticos efetivos já foi iniciado. Foi realizada em Londres, de 13 a 15 de março de 2009, uma conferência cujo título geral era "A ideia do comunismo". Podemos fazer duas observações essenciais a respeito dessa conferência. Em primeiro lugar, além de seus dois iniciadores (Slavoj Žižek e eu), os grandes nomes da verdadeira filosofia contemporânea (refiro-me àquela que não se reduz a exercícios acadêmicos ou ao apoio da ordem dominante) estavam muito bem representados. Estiveram presentes nesses três dias Judith Balso, Bruno Bosteels, Terry Eagleton, Peter Hallward, Michael Hardt, Toni Negri, Jacques Rancière, Alessandro Russo, Alberto Toscano e Gianni Vattimo. Jean-Luc Nancy e Wang Hui, que haviam aceitado o convite, foram impedidos de comparecer por circunstâncias alheias a sua vontade. Todos leram as condições para a participação: qualquer que fosse sua abordagem, eles deveriam sustentar que a palavra "comunismo" pode e deve recuperar um valor positivo. A segunda observação é que o Instituto Birbeck para as Humanidades, abrigo providencial dessa manifestação, teve de reservar um anfiteatro gigantesco de mil lugares para receber o público, composto maciçamente de jovens. Essa solicitude conjunta dos filósofos e de seu público em torno de uma palavra praticamente condenada à morte pela opinião dominante há quase trinta anos surpreendeu todo mundo. É um sintoma, sem dúvida nenhuma. A essa coleção de documentos sobre a hipótese comunista, junto no fim do livro minha própria contribuição para essa conferência.

6.

Devo insistir que este livro é um livro de filosofia. Ao contrário do que parece, ele não trata diretamente de política (ainda que se refira a ela) nem de filosofia política (ainda que proponha uma forma de conexão entre a condição política e a filosofia). Um texto político é interno a um processo político organizado. Exprime seu pensamento, dispõe suas forças, anuncia suas iniciativas. Um texto de filosofia política, disciplina da qual sempre afirmei que era inútil, gaba-se de "fundar" a política, ou mesmo "o" político, e impor-lhe normas que são, em última análise, normas morais, normas do poder "correto", do Estado "correto", da democracia "correta", e assim por diante. Hoje, aliás, a filosofia política é apenas a criada culta do capital-parlamentarismo. O que me interessa aqui é de natureza completamente diferente. Por meio das particularidades da noção de fracasso em política, viso precisar a forma genérica que todos os processos da verdade assumem, quando encontram os obstáculos inerentes ao "mundo" em que se desenrolam. A formulação subjacente desse problema é o conceito de "ponto", detalhado no livro 6 do meu *Logiques des mondes* [Lógicas dos mundos]*. Um ponto é um momento de um processo de verdade (por exemplo, de uma sequência da política de emancipação) em que uma escolha binária (fazer isso ou aquilo) decide o devir de todo o processo. Veremos vários exemplos de pontos nos estudos a seguir. O que é preciso notar é que praticamente todo fracasso remete ao tratamento inadequado de um ponto. Todo fracasso é localizável *em um ponto*. E é por isso que todo fracasso é uma lição que se incorpora por fim na universalidade positiva da construção de uma verdade. Para isso, é preciso localizar, encontrar e reconstituir o ponto a respeito do qual a escolha foi desastrosa. Em linguagem antiga, podemos dizer que a lição universal de um fracasso encontra-se na correlação entre uma decisão tática e um impasse estratégico. Mas, se deixarmos de lado o léxico militar, diremos que, por trás da questão do ponto, encontra-se o enunciado fundamental: quando se trata de uma verdade, o fracassar só se deixa pensar com base em uma topologia. Porque temos a nossa disposição um teorema magnífico a respeito dos mun-

---

* Ed. arg.: *Lógicas de los mundos* (Buenos Aires, Manantial, 2008). (N. E.)

dos, sejam eles quais forem: os pontos de um mundo formam um espaço topológico. O que significa, em linguagem comum, que as dificuldades de uma política nunca são globais, como a propaganda contrária – do tipo "sua hipótese comunista não passa de uma quimera impraticável, uma utopia sem relação com o mundo tal como ele é" etc. – quer que acreditemos para nos desanimar de vez. As dificuldades são consideradas em uma rede em que é possível, embora muitas vezes difícil, conhecer seu lugar, seu entorno, a maneira de abordá-las... Podemos falar, portanto, de um *espaço de fracassos possíveis*. E é nesse espaço que um fracasso nos convida a procurar, a pensar o ponto em que daqui para frente seremos proibidos de falhar.

I
SOMOS AINDA CONTEMPORÂNEOS DE MAIO DE 1968

Esse conjunto sobre Maio de 1968 compõe-se de três partes. A primeira é uma palestra realizada em 2008, em Clermont-Ferrand, a convite da associação Os Amigos do Tempo das Cerejas. A segunda é um artigo escrito "no calor da ação", em julho de 1968, e publicado pela revista belga Textures, *número 3-4, no inverno de 1968. A terceira é a versão completa de um artigo sobre a crise sistêmica do capitalismo, publicado no fim de 2008, em forma simplificada, pelo jornal* Le Monde. *Eu o reproduzo aqui porque os dois textos que o precedem tratam amplamente do capitalismo e de sua organização política parlamentar.*

1
MAIO DE 1968 REVISITADO, QUARENTA ANOS DEPOIS

Eu gostaria de partir de uma pergunta muito simples: por que todo esse carnaval em torno de Maio de 1968, livros, artigos, programas, discussões, comemorações de todos os tipos, quarenta anos depois? Não teve nada disso no trigésimo ou no vigésimo aniversário. Uma primeira resposta é claramente pessimista. Podemos comemorar Maio de 1968 hoje porque temos certeza de que ele está morto. Quarenta anos depois, ele não mobiliza mais. É o que declaram alguns ex-participantes ilustres. "*Forget* Maio de 68! [Esqueça Maio de 68!]", diz Cohn-Bendit, que se tornou um político comum. Estamos num mundo muito diferente, a situação mudou completamente, então podemos comemorar nossa bela juventude com toda a paz e tranquilidade. Nada do que aconteceu na época tem significado ativo para nós. Nostalgia e folclore.

Existe uma segunda resposta ainda mais pessimista. Comemoramos Maio de 1968 porque o verdadeiro resultado, o verdadeiro herói de Maio de 1968 é o próprio capitalismo liberal desenfreado. As ideias libertárias de 1968, a mudança de costumes, o individualismo, o gosto pelo prazer encontram sua realização no capitalismo pós-moderno e em seu variegado universo de consumo de todos os tipos. O produto de Maio de 1968 é Sarkozy em pessoa, e, como convida Glucksmann, celebrar Maio de 1968 é celebrar o Ocidente liberal defendido corajosamente contra os bárbaros pelo exército norte-americano.

Eu gostaria de contrapor a essas visões deprimentes hipóteses mais otimistas a respeito dessa comemoração.

A primeira é que esse interesse por 1968, em particular de parte significativa da juventude, é, ao contrário da segunda hipótese, um movimento anti-Sarkozy. No auge de sua negação, nós nos voltamos para Maio de 1968 como uma fonte possível de inspiração, como uma espécie de poema histórico, para recobrar a coragem, para realmente reagir, quando se chega ao fundo do buraco. E existe outra hipótese ainda mais otimista. Por essa comemoração, inclusive por seu lado oficial, comercial e distorcido, afirmamos obscuramente a ideia de que talvez outro mundo político e social seja possível; e essa grande ideia da mudança radical, que durante dois séculos foi chamada de revolução e perseguiu as pessoas desse país quarenta anos atrás, avança em segredo por trás do cenário oficial da derrota total dessa mesma ideia.

Mas é preciso partir de mais longe.

O ponto essencial que devemos compreender é que, se essa comemoração é complicada e produz hipóteses contraditórias, é porque Maio de 1968 é em si um acontecimento de grande complexidade. É impossível oferecer uma imagem unificada e cômoda. Quero tentar transmitir a vocês essa divisão interna, essa multiplicidade heterogênea que foi Maio de 1968.

Na verdade, houve quatro "maios de 1968" diferentes. A força, a particularidade do Maio de 1968 francês foi ter entrelaçado, combinado, sobreposto quatro processos que afinal eram bastante heterogêneos. E se os balanços desse acontecimento são tão diversos, é porque conservamos em geral um de seus aspectos e não a totalidade complexa que fez sua verdadeira grandeza.

Destrinchemos essa complicação.

Maio de 1968 foi, em primeiro lugar, uma rebelião, uma revolta da juventude universitária e secundarista. Esse é o aspecto mais espetacular, mais conhecido; foi o que deixou imagens fortes, que revimos nesses últimos tempos: manifestações em massa, barricadas, confrontos com a polícia etc. Imagens da violência da repressão e do entusiasmo, das quais, a meu ver, devemos extrair três características. Em primeiro lugar, essa rebelião foi um fenômeno mundial na época (México, Alemanha, China, Itália, Estados Unidos...). Portanto, não foi um fenômeno particularmente francês. Em segundo lugar, devemos lembrar que, nessa época, a juventude universitária e secundarista representava uma minoria da juventude propriamente dita. Nos anos 1960, entre 10% e 15% de uma faixa etária terminava o ensino médio. Quando falamos de "universitários e secundaristas", estamos falando de uma pequena fração da juventude, muito distinta da massa da juventude popular. Em terceiro lugar, os elementos de novidade são de duas ordens: de um lado, a força extraordinária da ideologia e dos símbolos, do vocabulário marxista, da ideia de revolução; de outro, a aceitação da violência – defensiva e antirrepressiva, sem dúvida, mas violência. É o que dá a essa revolta sua cor particular. Tudo isso compõe um primeiro Maio de 1968.

Um segundo Maio de 1968, muito diferente, foi a maior greve geral de toda a história francesa. E esse é um componente muito importante. Sob muitos aspectos, essa greve geral foi bastante clássica. Ela foi estruturada em torno das grandes fábricas e amplamente estimulada pelos sindicatos, em particular pela Confederação Geral do Trabalho (CGT). Sua referência foi a última grande greve desse tipo, a da Frente Popular. Podemos dizer que, por sua extensão, por sua figura "média", essa greve está historicamente situada num contexto muito diferente da revolta da juventude. Ela faz parte de um contexto que eu diria mais classicamente de esquerda. Dito isso, ela também foi movida por elementos de radicalidade inovadores. Esses elementos de radicalidade são três.

Primeiro, o início ou o desencadeamento da greve foi amplamente externo às instituições operárias oficiais. Na maioria das vezes, foram grupos de jovens operários que iniciaram o movimento, fora das grandes organizações sindicais, que em seguida se uniram a ele, em parte para estar em condição de controlá-lo. Portanto, existe nesse Maio de 1968 operário um elemento de revolta que é ele também interno à juventude. Esses jovens praticaram o que era chamado muitas vezes de "greves selvagens", para distingui-las das grandes jornadas sindicais tradicionais. Devemos observar que essas greves selvagens começaram em 1967, portanto o Maio de 1968 operário não é simplesmente um efeito do Maio de 1968 estudantil: ele também o antecipou. Esse vínculo temporal e histórico entre movimento da juventude estudada e movimento operário é absolutamente singular. Segundo elemento de radicalidade: o uso sistemático das ocupações de fábrica. É claro que isso foi herdado das grandes greves de 1936 ou 1947, mas foi mais generalizado. Quase todas as fábricas foram ocupadas e cobertas de bandeiras vermelhas. Isso é que é uma grande imagem! Só vendo para saber o que foi o país quando todas as fábricas se cobriram de bandeiras vermelhas. Quem viu não consegue esquecer. Terceiro elemento "duro": desde essa época, e nos anos seguintes, existiu uma prática bastante sistemática de sequestro do patronato e confrontos periféricos com altos funcionários ou com a polícia. Isso quer dizer que o ponto que mencionei acima, isto é, certa aceitação da violência, existe no movimento universitário e secundarista, mas existe também no movimento operário da época. Por último, para concluir esse segundo Maio de 1968, é preciso lembrar que, dados todos esses elementos, a questão da duração e do controle do movimento foi muito aguda. Entre a vontade dirigente da CGT e as práticas que derivam do que o historiador Xavier Vigna chama de "insubordinação operária", houve conflitos internos no movimento de greve, conflitos muito intensos, cujo símbolo é ainda a rejeição do protocolo de negociação de Grenelle pelos operários da Renault-Billancourt. Alguma coisa continuou rebelde às tentativas de resolver a greve geral com uma negociação clássica.

Há um terceiro Maio de 1968, igualmente heterogêneo, que chamarei de Maio libertário. Diz respeito à questão da mudança dos costumes, das novas relações amorosas, da liberdade individual, à questão que leva ao movimento das mulheres e, mais tarde, dos direitos e da emancipação dos homossexuais. Isso afetou também a esfera cultural com a ideia de um novo teatro, uma nova forma de discurso público, um novo estilo de ação coletiva, com a promoção do *happening*, da improvisação, com o estado geral do cinema... Isso também é um componente particular de Maio de 1968, que podemos chamar de ideológico e que, apesar de cair algumas vezes no anarquismo esnobe e festivo, faz parte do tom geral do evento.

Basta lembrar a força gráfica dos cartazes de Maio de 1968, tais como foram criados pela oficina da Escola de Belas Artes.

É preciso lembrar que esses três componentes permanecem distintos, apesar de interseções importantes. Pode haver conflitos significativos entre eles. Houve verdadeiros confrontos entre o esquerdismo e a esquerda clássica, assim como entre o esquerdismo político (representado pelo trotskismo e pelo maoismo) e o esquerdismo cultural, em geral anarquista. Tudo isso dá uma imagem de Maio de 1968 de efervescência contraditória e não de festa unificada. A vida política de Maio de 1968 foi intensa e ocorreu numa multiplicidade de contradições.

Esses três componentes são representados por grandes lugares simbólicos. Para os estudantes universitários, foi a Sorbonne ocupada; para os operários, foram as grandes fábricas de automóveis (e, no centro delas, Billancourt); para o Maio libertário, foi a ocupação do teatro Odéon.

Três componentes, três lugares, três tipos de simbólica e discurso e, portanto, quarenta anos depois, três balanços diferentes. Quando falamos hoje de Maio de 1968, do que falamos? Do conjunto ou de um dos três componentes que isolamos?

Gostaria de sustentar que nenhum desses três componentes é mais importante do que o outro, porque houve um quarto Maio de 1968, que foi essencial e ainda determina o futuro. Esse Maio de 1968 é o menos inteligível, porque se manifestou ao longo do tempo, e não naquele instante. Ele foi o que se seguiu ao lindo mês de maio, gerando anos políticos intensos. Dificilmente perceptível, se nos ativermos estritamente às circunstâncias iniciais, ele domina a sequência que vai de 1968 a 1978, depois é reprimido e absorvido pela vitória da união da esquerda e pelos tristes "anos Mitterrand". Fala-se dele como "década de 1968", e não como "Maio de 1968".

O processo do quarto Maio de 1968 tem dois aspectos. Em primeiro lugar, a convicção de que, a partir dos anos 1960, assistimos ao fim de uma velha concepção de política. Em segundo lugar, a busca um tanto cega, durante toda a década de 1970-1980, de outra concepção da política. A diferença desse quarto elemento em relação aos três primeiros é que ele é totalmente dominado pela pergunta: "O que é política?", como uma pergunta ao mesmo tempo muito teórica, muito difícil, e, no entanto, devedora de uma massa de experimentações imediatas nas quais as pessoas se engajaram com entusiasmo. A velha concepção com que se tentava romper repousa sobre a ideia dominante (em todas as espécies de militantes), e nesse sentido uniformemente aceita no campo "revolucionário", de que existe um agente histórico que traz a possibilidade de emancipação. Esse agente é chamado de classe operária, proletariado e, algumas vezes, povo. Sua composição e sua extensão são discutidas, mas sua existência é aceita. Essa convicção partilhada de que existe um agente "objetivo", inserido na realidade social, que traz a possibilidade de emancipação é talvez a maior diferença entre aquela época e a atual. Entre as duas: os sinistros anos 1980. Naquela época, supunha-se que a política de emancipação não era pura ideia, uma vontade, uma prescrição, mas estava inserida, e quase programada, na realidade histórica e social. Uma das consequências dessa convicção é a de que esse agente objetivo deve ser transformado em força subjetiva, essa entidade social deve se tornar um ator subjetivo. Para isso, é preciso que seja representado por uma organização específica, e essa organização é o que chamamos precisamente de partido, partido da classe operária ou partido popular. Esse partido deve estar presente em toda parte onde houver local de poder ou intervenção. Obviamente, há discussões consideráveis sobre o que é esse partido, se já existe, se precisa ser criado, ou recriado, qual pode ser sua forma etc. Mas existe um acordo básico sobre a existência de um agente histórico e a necessidade de sua organização. Essa organização política deve ter evidentemente correspondentes sociais, as organizações de massa, que mergulham nas raízes da realidade social imediata. Essa é toda a questão do lugar do sindicalismo, de sua relação com o partido, do que significa um sindicalismo de luta de classes.

Isso leva a alguma coisa que sobrevive até hoje, que é o fato de que a ação política emancipadora tem duas faces. Há, em primeiro lugar, os movimentos sociais, ligados a reivindicações particulares, e cujas organizações naturais são os sindicatos; e há, em segundo lugar, o componente partido, que consiste em travar batalhas para estar presente em todos os locais possíveis de poder e transportar para aí, se é que podemos dizer assim, a força e o conteúdo dos movimentos sociais. Essa é a concepção que poderíamos chamar de clássica. Essa concepção, em 1968, era amplamente compartilhada por todos os atores e, sobretudo, era onipresente por sua linguagem. Seja os atores das instituições dominantes ou os contestadores, seja os comunistas ortodoxos ou os esquerdistas, seja os maoistas ou os trotskistas, todos utilizavam o léxico das classes, da luta de classes, da direção proletária das lutas, das organizações de massa e do partido. Depois disso, houve violentas divergências sobre a legitimidade de um ou de outro e sobre o significado dos movimentos. Mas a linguagem era a mesma e o emblema comum era a bandeira vermelha. Sustento sem nenhuma dificuldade que a unidade de Maio de 1968, para além de suas contradições veementes, foi a bandeira vermelha. Em Maio de 1968, pela última vez – até hoje, em todo caso, e, infelizmente, talvez até amanhã – a bandeira vermelha cobriu o país, as fábricas e os bairros. Hoje, é com muito custo que ousamos abri-la. Por volta do fim do mês de maio de 1968, ela podia ser vista até nas janelas dos apartamentos de uma fração da burguesia.

Mas a verdade secreta, e pouco a pouco revelada, é que essa linguagem comum, simbolizada pela bandeira vermelha, está morrendo. Maio de 1968 apresenta uma ambiguidade fundamental entre uma linguagem unanimemente compartilhada e o começo do fim do uso dessa linguagem. Entre o que começa e o que termina, existe uma espécie de indistinção provisória, que dá a intensidade misteriosa de Maio de 1968.

Ela está praticamente morta, porque Maio de 1968, e, mais ainda, os anos seguintes, questionaram profundamente a legitimidade das organizações históricas da esquerda, dos sindicatos, dos partidos, dos líderes conhecidos. Mesmo nas fábricas, houve contestação da disciplina, da forma usual das greves, da hierarquia do trabalho, da autoridade sindical sobre os movimentos. A todo instante, a ação operária e popular excedeu seu quadro normal por iniciativas consideradas anárquicas ou selvagens. Houve enfim, e talvez sobretudo, uma crítica radical da democracia representativa, do quadro parlamentar e eleitoral, da "democracia" em seu sentido institucional, constitucional. E, principalmente, não podemos nos esquecer de que a palavra de ordem final de Maio de 1968 era: "Eleições, armadilha para imbecil!". E não se tratava de um simples arrebatamento ideológico, havia razões precisas para essa hostilidade contra a democracia representativa. Depois de um mês de uma mobilização estudantil, operária e popular sem precedentes, o governo conseguiu organizar eleições e o resultado foi a Câmara mais reacionária que já se viu! Estava claro para todo mundo que o dispositivo eleitoral não é apenas, e nem mesmo principalmente, um dispositivo de representação: ele é também um dispositivo de repressão dos movimentos, das novidades, das rupturas.

Através de tudo isso – de toda essa "grande crítica", como dizem os revolucionários chineses, que é essencialmente negativa –, avançava uma visão nova, uma visão da política que tentava se desprender da visão clássica. É essa tentativa que chamo de quarto Maio de 1968. Ele procurava o que podia existir além do muro do revolucionarismo clássico. Procurava de maneira cega, porque procurava com a mesma linguagem daquele que domina na concepção da qual ele quer se desfazer. Daí a temática, evidentemente insuficiente, da "traição" ou da "renúncia": as organizações tradicionais traíram sua própria linguagem. Elas ergueram – mais uma vez a bela linguagem imagética dos chineses – "a bandeira vermelha contra a bandeira vermelha". Se nós, maoistas, chamávamos o Partido Comunista Francês (PCF) e seus satélites de "revisionistas", é porque pensávamos, como Lenin pensava dos sociais-democratas Bernstein ou Kautsky, que essas organizações transformavam em seu contrário a linguagem marxista que elas aparentemente utilizavam. Ainda não percebíamos que era essa mesma linguagem que precisava ser mudada, dessa vez de maneira afirmativa. O centro de gravidade de nossa busca cega foi o conjunto de figuras de ligação direta entre os diferentes Maios. O quarto Maio é a diagonal dos outros três. Nossa riqueza era o conjunto de iniciativas tomadas para poder circular entre os três movimentos heterogêneos e, em particular, entre o movimento estudantil e o movimento operário.

Aqui, é preciso falar por imagens. No momento em que Maio de 1968 começou, eu era professor- -assistente em Reims. A faculdade (na verdade, um pequeno centro universitário que não tinha muito mais do que a propedêutica) entrou em greve. Então, um belo dia nós organizamos uma marcha em direção à principal fábrica em greve na cidade, a fábrica da Chausson. Marchamos, num longo e compacto cortejo, sob o sol daquele dia, rumo à fábrica. O que íamos fazer lá? Não sabíamos, tínhamos apenas a vaga ideia de que a revolta estudantil e a greve operária deviam se unir, sem intermediação das organizações clássicas. Chegamos perto da fábrica protegida por barricadas, cheia de bandeiras vermelhas, com uma fileira de sindicalistas na frente da grade trancada, entre desconfiança e hostilidade. Alguns jovens operários se aproximaram, depois outros e mais outros. Discussões informais começaram. Houve uma espécie de fusão local. Marcamos reuniões para organizar assembleias conjuntas na cidade. Elas aconteceram e foram a matriz da criação de uma organização de fábrica, o "fundo de solidariedade da Chausson", absolutamente novo e ligado à organização maoísta União dos Comunistas da França Marxista-Leninista (UCFML), criada no fim de 1969 por Natacha Michel, Sylvain Lazarus, eu e muitos outros jovens.

O que aconteceu ali, nos portões da fábrica da Chausson, era absolutamente inverossímil, inimaginável uma semana antes. Em geral, o sólido dispositivo sindical e partidário mantinha os operários, os jovens e os intelectuais firmemente presos a suas respectivas organizações. A única mediação passava pelas direções locais ou nacionais. Na situação daquele momento, esse dispositivo rachou diante de nossos olhos. E nós éramos tanto os atores imediatos quanto os espectadores fascinados dessa novidade. Isso é o acontecimento no sentido filosófico do termo: uma coisa que acontece e cujas consequências são incalculáveis. Quais foram essas consequências ao longo dos dez "anos vermelhos", de 1968 a 1978? Foi a busca comum de alguns milhares de estudantes universitários, secundaristas, operários, mulheres das cidades e proletários vindos da África por outra política. Que poderia ser uma prática da política que não aceitava deixar cada um em seu lugar? Que aceitava trajetos inéditos, encontros impossíveis, reuniões entre pessoas que comumente não se falavam? Nós compreendemos naquele momento, sem ainda compreender totalmente, ali, na frente da fábrica da Chausson, que se uma política de emancipação nova era possível, ela seria uma reviravolta nas classificações sociais, não consistiria em organizar cada um em seu lugar, mas, ao contrário, organizaria deslocamentos, materiais e mentais, fulminantes.

Contei a vocês a história de um deslocamento cego. O que nos movia era a convicção de que era necessário acabar com os lugares. Em sentido geral, é o que implica a bela palavra "comunismo", sociedade igualitária, sociedade que, por seu próprio movimento, derruba os muros e as separações, sociedade da polivalência e dos trajetos variáveis, tanto no trabalho quanto na vida. Mas "comunismo" também quer dizer formas de organização política cujo modelo não é a hierarquia dos lugares. O quarto Maio de 1968 foi isto: o conjunto de experiências que mostrou que a impossível reviravolta dos lugares sociais era politicamente possível, por intermédio de um tipo inédito de tomada de palavra e da busca hesitante de formas de organização adequadas à novidade do acontecimento.

Dez anos depois, o processo de união da esquerda e a eleição de Mitterrand fizeram tudo isso recuar, aparentemente impondo um retorno aos modelos clássicos. Voltamos ao "cada um em seu lugar" característico desse modelo: os partidos de esquerda, se podem, governam, os sindicatos reivindicam, os intelectuais intelectualizam, os operários ficam nas fábricas etc. Como todo retorno à ordem, essa aventura de uma "esquerda" já morta, na verdade, incutiu numa ampla fração do povo uma ilusão muito breve, situada logo no início dos anos 1980, entre 1980 e 1983. A esquerda não era uma nova chance da vida política, era uma alma do outro mundo profundamente marcada pelo estigma da podridão. A partir de 1982-1983, vimos, com o "rigor", os operários grevistas de Talbot sendo tratados como terroristas xiitas, a criação dos centros de retenção, os decretos contra a imigração de famílias e uma liberalização financeira sem precedentes, que foi concebida por Bérégovoy e iniciou a inclusão da França no capitalismo globalizado mais feroz[1]. Fechado esse parêntese, podemos dizer que ainda estamos na brecha das duras questões abertas por Maio de 1968. Somos contemporâneos de 1968 do ponto de vista da política, de sua definição, de seu futuro organizado, portanto num sentido muito forte da palavra "contemporâneo". É claro, o mundo mudou, as categorias mudaram: juventude estudantil, operários, camponeses significam outra coisa hoje, e as organizações sindicais e partidárias dominantes na época estão em ruínas. Mas *nós temos o mesmo problema*, somos contemporâneos do problema que 1968 trouxe à tona, ou seja, a figura clássica da política de emancipação era inoperante. Nós, militantes dos anos 1960 e 1970, não precisamos da derrocada da URSS para saber isso. Muitas coisas novas foram experimentadas, tentadas e testadas, tanto no pensamento quanto nas práticas que estão dialeticamente ligadas a elas. E isso continua, graças à energia marcada muitas vezes pela solidão aparente de um punhado de militantes, intelectuais e operários. Eles são os guardiões do futuro e inventam essa guarda. Mas não podemos dizer que o problema foi resolvido, o problema das novas formas de organização adequadas ao tratamento contemporâneo dos antagonismos políticos. É como na ciência: enquanto um problema não é resolvido, há todos os tipos de descobertas estimulados pela busca da solução, às vezes novas teorias nascem por causa disso, mas o problema como tal permanece. Podemos definir da mesma maneira nossa contemporaneidade com Maio de 1968, que pode ser chamada também de fidelidade a Maio de 1968.

O que é decisivo, em primeiro lugar, é manter a hipótese histórica de um mundo livre da lei do lucro e do interesse privado. Enquanto estivermos sujeitos, na ordem das representações intelectuais, à convicção de que não podemos acabar com isso, que essa é a lei do mundo, nenhuma política de emancipação será possível. É isso que propus chamar de hipótese comunista. Na realidade, ela

---

[1] Sobre a crise sistêmica dessa ferocidade, ver adiante.

é amplamente negativa, porque é mais seguro e mais importante dizer que o mundo tal como ele é não é *necessário* do que dizer "no vazio" que outro mundo é possível. É uma questão de lógica modal: naquela que se impõe politicamente, vamos da não necessidade à possibilidade. Simplesmente porque, se admitimos a necessidade da economia capitalista desenfreada e da política parlamentar que a sustenta, simplesmente não podemos ver, nessa situação, outras possibilidades.

Em segundo lugar, é preciso tentar manter as palavras de nossa linguagem, apesar de não ousarmos mais pronunciá-las, essas palavras que ainda eram de todo mundo em 1968. Há quem diga: "O mundo mudou, vocês não podem mais usá-las, vocês sabem muito bem que era uma linguagem de ilusão e terror". Como não! Nós podemos! Nós devemos! O problema continua, portanto devemos poder usar essas palavras. Compete a nós criticá-las, dar a elas um novo sentido. Devemos poder dizer ainda "povo", "operário", "fim da propriedade privada" etc., sem sermos considerados antiquados aos nossos próprios olhos. Devemos discutir essas palavras em nosso próprio campo. É preciso acabar com o terrorismo linguístico que nos entrega aos inimigos. Abdicar da linguagem, aceitar o terror que nos proíbe intimamente de pronunciar as palavras que não se encaixam na conveniência dominante é uma opressão intolerável.

Enfim, devemos saber que toda política é organizada e a questão talvez mais difícil a resolver pelas experimentações multiformes que começaram em 1968 é saber de que tipo de organização precisamos. Porque o dispositivo clássico do partido, que se apoia em correspondentes sociais e cujos "combates" mais importantes são, na verdade, os combates eleitorais, é uma doutrina que já deu o que podia dar. Está gasta, não funciona mais, apesar das grandes coisas que pôde oferecer, ou acompanhar, entre 1900 e 1960.

O tratamento de nossa fidelidade a Maio de 1968 ocorre em dois níveis. No campo da ideologia e da história, convém fazermos nosso próprio balanço do século XX, de modo a reformular a hipótese da emancipação de acordo com as condições de nossa época, após o fracasso dos Estados socialistas. Por outro lado, sabemos que estão ocorrendo experiências locais, batalhas políticas, com base nas quais novas figuras de organização estão sendo criadas. Essa combinação de trabalho ideológico e histórico complexo com dados teóricos e práticas envolvendo as novas formas de organização política define nossa época. Época que eu denominaria sem nenhuma dificuldade de *a época da reformulação da hipótese comunista*. Qual é então a virtude mais importante para nós? Vocês sabem que os revolucionários de 1792-1794 utilizavam a palavra "virtude". Saint-Just perguntava, pergunta capital: "Que querem os que não querem nem a virtude nem o terror?". E respondia: "Eles querem a corrupção". E é exatamente isso que o mundo exige de nós hoje: aceitar a corrupção generalizada dos espíritos, sob o jugo da mercadoria e do dinheiro. Contra isso, a principal virtude política hoje é a coragem. Coragem não apenas diante da polícia – e isso acontecerá, sem dúvida nenhuma –, mas a coragem de defender e praticar nossas ideias, nossos princípios e nossas palavras, afirmar o que pensamos, o que queremos, o que fazemos.

Em uma frase: devemos ter a coragem de ter uma ideia. Uma grande ideia. Devemos ter convicção de que ter uma grande ideia não é nem ridículo nem criminoso. O mundo do capitalismo generalizado e arrogante em que vivemos nos leva de volta aos anos 1840, ao capitalismo nascente, cujo imperativo, formulado por Guizot, é: "Enriquecei-vos!". O que traduzimos por: "Vivam sem ideia". Devemos dizer que não se vive sem ideia. Devemos dizer: "Tenham a coragem de sustentar a ideia, que só pode ser a ideia comunista, em seu sentido genérico". É por isso que continuamos contemporâneos de Maio de 1968. À sua maneira, ele declarou que a vida sem ideia é insuportável. Desde então, uma longa, uma terrível resignação se estabeleceu. Hoje, pessoas demais acreditam que viver para elas mesmas, para seus próprios interesses, é ineluctável. Devemos ter a coragem de nos distinguir dessas pessoas. Como em 1968, rejeitaremos o imperativo: "Viva sem ideia". O filósofo que sou está dizendo a vocês uma coisa que vem sendo repetida desde Platão, uma coisa muito simples. Ele diz que é preciso viver com uma ideia e que, com essa convicção, começa o que merece ser chamado de a verdadeira política.

2
RASCUNHO DE UM INÍCIO

Agradeço efusivamente a meu amigo David Faroult, em primeiro lugar, por ter recuperado este texto, publicado no fim de 1968 na revista belga Textures *e do qual eu tinha apenas uma lembrança muito vaga, e, em segundo lugar, por ter querido que eu o publicasse aqui, embora eu tenha lhe cedido o uso exclusivo para uma futura publicação em revista.*

Relendo esse texto escrito realmente "no calor da ação", pouco depois daquilo que as guardas vermelhas chinesas chamaram de "tempestade revolucionária" de Maio de 1968, três coisas me impressionam. Em primeiro lugar, a análise, que, apesar de ser feita em categorias um tanto antiquadas (recortes de classe bastante convencionais, um sentido um tanto flutuante da palavra "ideologia", uma evocação datada da "ciência" marxista-leninista...), nem por isso é menos inteligível e eficaz. Ela mostra tanto a consistência do movimento quanto as formas de seu impasse, as razões capitais para estar do seu lado e aquelas, já preparando o futuro, que explicam suas fraquezas consideráveis. Em segundo lugar, o que é absolutamente notável é a extensão da regressão subjetiva que foi organizada entre o fim do episódio que inicia Maio de 1968 (meados dos anos 1970) e os dias atuais. O texto pergunta com ironia quem ainda se atreveria a dizer (naquele verão de 1968) que o Ocidente é o bastião das liberdades. Infelizmente, hoje, neste outono de 2008, muitas pessoas, muitos intelectuais, assumiriam sem hesitar essa afirmação estúpida. O terceiro ponto notável é que não se avaliou aquilo que acabou se revelando a chave de tudo: a obsolescência do leninismo estrito, centrado na questão do partido e, por essa centrali-

zação, mantendo a submissão da política ao seu desvio estatal. Não há dúvida de que a questão da organização, que por si só autoriza uma unidade política e prática entre os grupos sociais distintos, é central nas lições de Maio de 1968. O puro "movimento" não resolve nenhum dos problemas, que, aliás, ele contribui para suscitar historicamente. Mas, em meu texto a respeito daquela época, o sintagma "partido marxista--leninista" funciona como uma espécie de "abre-te, sésamo". Aliás, pouco tempo depois, escrevi com alguns amigos um livrinho intitulado Pour un parti marxiste-léniniste de type nouveau [Por um partido marxista-leninista de tipo novo]. Evidentemente, o complemento "de tipo novo" denota certa apreensão. Na verdade, é à própria forma partido que se deve renunciar: a sequência stalinista mostrou sua inadequação para os problemas surgidos de seu próprio uso vitorioso em 1917, na Rússia, e em 1949, na China. De resto, a Revolução Cultural – citada no texto de modo acessório, porque aparece centrada nos problemas do movimento estudantil – indicava o limite extremo. Revolta dos operários e da juventude intelectual contra o partido, ela fracassou no próprio partido. E, no entanto, Mao disse: "Perguntam onde está a burguesia em nosso país. Ora, ela está no partido comunista". Que bom que a burguesia encontrou um abrigo apropriado e, dentro dele, com o que construir sua nova força, como mostra a China atual, entregue a uma acumulação capitalista do tipo daquela do século XIX. É preciso reler o grande movimento de Maio de 1968 à luz desta constatação: o "partido de classe" é uma fórmula gloriosa que chegou a sua saturação. A questão das novas formas da disciplina política emancipadora é a questão central do futuro comunismo.

As massas são os verdadeiros heróis,
enquanto nós somos muitas vezes de uma ingenuidade ridícula.

Mao Tsé-Tung

Antes mesmo do início do movimento, há a contradição secular inerente à universidade capitalista. A França de 1848, a Rússia de 1905-1917, a China de 1919, a América Latina e o Japão conheceram muito antes de nós essas massas de estudantes heroicamente erguidas contra a ditadura burguesa. Em países como o México, os Pais souberam garantir seus interesses contra a brutal exigência dos Filhos, prova de que o obstáculo é frágil: provocações, fuzis, sangue.

De um lado, a crescente incorporação da ciência nas forças produtivas exige uma elevação global da consciência teórica das massas; correlativamente, a fruição dos bens distribuídos (lazer, bens "culturais", objetos complexos) supõe uma espécie de compreensão das limitações, de escuta e leitura da publicidade, de sensibilidade para os estímulos sutis etc.; enfim, a proteção político-social da burguesia repousa em parte sobre a ideologia de um *desvio* entre as camadas médias (empregados de escritório, executivos, agentes de controle, funcionários públicos) e o proletariado: toda unidade prática desses dois grupos seria fatal para o poder de classe do patronato. Ora, a consciência desse desvio é veiculada pela "cultura" e sustentada pela pedra angular do edifício universitário: a oposição entre o trabalho intelectual e o trabalho manual. Uma ampla escolarização *diferenciada* das "camadas médias" é indispensável, portanto: elas terão o ensino secundário, ou mesmo superior, marca indelével de seu distanciamento e de seu medo de ser proletarizadas.

Por outro lado, trata-se de garantir por todos os meios possíveis o domínio da *ideologia* burguesa ou, na falta dela, de seu lugar-tenente entre as massas populares: a ideologia pequeno-burguesa e social-democrata. Ora, esse domínio é feito em grande parte de ignorância organizada. Veiculada durante muito tempo pelas instituições religiosas, ela garantia, pelo obscurantismo mantido nas massas camponesas, a pedra angular da estratégia burguesa na França desde 1794: a aliança com os produtores rurais. Aos aparelhos escolares laicos coube em parte a intermediação urbana dessa tarefa, em direção às camadas médias. O sistema de ensino é, pois, a instituição encarregada de superar a seguinte contradição: *como elevar a consciência teórica de grupos cada vez mais amplos, sem questionar a supremacia, fundada na ignorância e na repressão intelectual, da ideologia burguesa?*

A resposta foi encontrada em duas direções. 1. Os eleitos foram selecionados, tanto quanto possível, por uma forma de ensino que dá pleno espaço aos determinismos familiares, isto é, os da origem de classe; ao mesmo tempo, os critérios de eleição (regras do falar bem, manuseio do lugar-comum, estrutura pseudocientífica do "problema", rapidez de execução – a análise pontual) foram estabelecidos de modo que estivessem estreitamente ligados às cerimônias específicas da ideologia burguesa e, em particular, à boa educação privada. 2. A prática teórica "pura" (as ciências) e o ensino ideológico (as letras) foram separados, como duas essências diferentes, e cada indivíduo foi intimado a escolher uma ou outra, de acordo com pretensos "dons" que o sistema se encarregava de detectar. Essa "escolha" implica, na verdade, a submissão da própria ciência ao humanismo vago em que o pensamento "liberal" se entedia. Ninguém é mais cego em geral ao poder crítico da ciência do que o cientista. Ninguém é mais bem preparado pelos aparelhos escolares para a escravidão política do que o "especialista" ou o agente de uma especialidade definida.

Na França, esse sistema culmina no aristocratismo das grandes escolas científicas, comedouro da alta burguesia, em que a ciência, na forma abastardada e estereotipada do "fundir a cuca", característico das classes preparatórias, é acompanhada de uma organização meticulosa da estupidez ideológica.

Contudo, essas disposições protetoras parecem ameaçadas. A razão dominante é naturalmente que o sistema não conseguiu impedir a criação de colégios e universidades de massa: o desenvolvimento das forças produtivas assim exigia. A partir daí, uma ampla fração da pequena burguesia progressista (isto é, tentada a se unir ao proletariado, em razão de sua exclusão do poder) teve acesso ao ensino superior, exercendo uma pressão cada mais forte sobre seu academicismo servil. O caráter decadente da ideologia burguesa no estágio da decomposição lenta, mas indubitável, do imperialismo, o vazio de seus slogans (quem ainda acredita, como repetiam as amplas massas iludidas há apenas quinze anos, que o Ocidente é o bastião da liberdade?) e o terrorismo raso da nulidade foram desmascarados pelos intelectuais revolucionários; a luta vitoriosa do povo vietnamita tornou clara a máxima citada por Mao Tsé-Tung vinte anos atrás: o imperialismo, mesmo armado com a bomba atômica, é um tigre de papel.

A direção da principal organização de classe do proletariado, o P"C"F, havia afundado no revisionismo e no cretinismo parlamentar: ela não tinha condições de "assumir as rédeas" da luta ideológica na universidade. Mas, de longe, a Grande Revolução Cultural Proletária mostrava a força revolucionária excepcional da crítica ideológica radical; lembrava o rigor simples do marxismo de luta de classes; abria um espaço considerável para a revolta estudantil; desmascarava a submissão crescente da corja revisionista soviética ao conformismo técnico-humanista, à ideologia pequeno-burguesa da "via pacífica"; relançava a exigência do desmantelamento da oposição entre trabalho intelectual e trabalho manual, cidade e campo; dava amplo crédito à capacidade criativa das massas.

Enfim, o desenvolvimento fulminante das "ciências humanas" trouxe em seu auge a desordem. Essas disciplinas, como sabemos, são apenas instrumentos técnico-policiais de adaptação às limitações da sociedade de classe. Ornam com o prestígio da ciência diversas medidas de compensação ao crescimento das desigualdades de poder (sociologia dos "estratos sociais"), à desumanidade das relações de trabalho (sociologia industrial), às exigências autoritárias da divisão técnica do trabalho (psicologia do aprendizado)... Mas contradizem a sacrossanta diferença entre as letras (humanismo) e as ciências (técnica), a pomposa liturgia destinada a "salvar o homem" do ameaçador "domínio da técnica" (em outras palavras, a preservar *conjuntamente* o desenvolvimento das forças produtivas, a concentração capitalista e a ideologia universalizante do indivíduo "livre" e do sufrágio universal). As ciências humanas revelavam negativamente a existência e a eficácia de disciplinas teóricas autênticas, das quais elas pretendiam ocupar o terreno e reprimir a força crítica: o marxismo e o freudismo. O renascimento dessas duas últimas ciências ocorrendo fora da universidade (em especial, nunca foram comprometidas por nenhum exame), a ideia de uma universidade "paralela" ou "crítica", na verdade politicamente absurda, mas psicologicamente mobilizadora, prosperava. Nesse sentido, e na França, a importância dos seminários de Althusser ou Lacan não pode ser subestimada: não tanto pelo conteúdo e pelo pretenso estruturalismo que, segundo alguns, reinava nesses seminários, mas pela demonstração prática que eles faziam do vazio ronronante e da obediência lamentável em que caiu a instituição universitária propriamente dita. Um reaprendizado da *violência dogmática*, mesmo vestida de maneira mais ou menos conveniente com os andrajos da ciência, servia de preparação mental para a brusca exigência das massas. Além disso, sem terrorismo teórico não se faz revolução: mais de dez anos de "diálogo" haviam enterrado, antes dos "estruturalistas", essa ideia capital.

A conjuntura assim descrita explica todas as revoltas estudantis nos países sob hegemonia capitalista. Permite indicar onde a sobredeterminação torna essa revolta propriamente perigosa para a ordem social, pela transposição de um patamar de violência. 1. Onde medidas de segregação política geográfica (*campus*) tentam isolar e reduzir o efeito social da contradição, à custa de uma exacerbação de seu efeito interno. 2. Onde são desenvolvidas as "ciências humanas", enquanto professores progressistas propagam a crítica dessas ciências de maneira espontânea ou não. 3. Onde a universidade reúne grandes massas. 4. Onde o tema da unidade

entre estudantes e operários possui um significado prático perceptível. 5. Onde a administração universitária é fraca, seja por demagogia sem conceito, seja por autoritarismo sem meios. 6. Onde grupos conseguiram implantar e propagar ativamente o fermento ideológico revolucionário, apoiado por iniciativas práticas surpreendentes e imediatamente eficazes.
Nanterre se mostra aqui.

*

Como a contradição se desenvolveu inicialmente no meio pequeno-burguês, aspectos "patológicos" do gaullismo se agravaram. Esse regime, ligado à tradição nacional do bonapartismo, tende a realizar uma aliança *direta* da alta burguesia (que exerce o poder sem intermediários: Pompidou e sua corja) e das classes, ou camadas sociais, tradicionalmente não organizadas: o campesinato, os parasitas do comércio, a fração das massas operárias desestimulada pela capitulação comunista, que, sem apoio ideológico, cai na espontaneidade economista e no culto da autoridade do Estado. A reivindicação "democrática" e a hostilidade contra o "poder pessoal", *leitmotiv* conjunto dos sociais-democratas e dos revisionistas, urdem as queixas da pequena burguesia excluída do poder: ao mesmo tempo que lamenta os felizes tempos pré-bonapartistas, quando comprava da burguesia o chocalho ministerial pelo alto preço do anticomunismo e da repressão, ela é empurrada pouco a pouco, contra sua vontade dominante, para uma política de aliança com o proletariado. Essa aliança é concebida por ela apenas dentro da ordem, isto é, na forma de tramoias burocráticas e eleitorais. Mas acaba por se conformar. Em 1967, amplas massas de eleitores centristas dão seu voto aos comunistas no segundo turno: emblema de uma situação em que se originou, há três anos, a lenta e confusa operação Mitterrand.

Esse contexto esclarece o tamanho do desafio. A educação nacional é um bastião histórico da pequena burguesia, o instrumento de sua esperança de ascensão social: acesso à burguesia dos negócios pela ascese matemática das grandes escolas; acesso ao prestígio político pelo estudo superior de direito ou letras. A "prioridade da educação nacional", o fetichismo da escola, a concepção educacional e reformadora do "progresso social" cimentam a doutrina pequeno-burguesa. Desde 1958, o sistema escolar é o lugar de maior resistência ao bonapartismo. A vontade gaullista de diminuir essa resistência, submetendo a universidade às exigências do grande capital e desmantelando seus suportes institucionais (escolares) de transmissão da ideologia democrática, marca o início da crise: pauperização e feminização dos primeiros ciclos de ensino; parcelamento tecnocrático do secundário (entregue, aliás, ao aumento das massas); seleção draconiana e orientação rígida para o ensino superior. O plano Fouchet, dispositivo muito claro dessa política, choca-se com uma enérgica resistência já em 1966, ou com o estiolamento na desordem consentida.

"A crise amadurece": o ano 1967-1968 é caótico, cheio de incidentes. Os pequenos grupos revolucionários à espreita se fortalecem no elemento da contradição. Contribuem para evitar a fascistização do meio estudantil, outra consequência possível dos rancores pequeno-burgueses. Incutem nas massas, por meio da luta anti-imperialista justa, algumas noções dispersas do marxismo-leninismo.

Então, uma série de imperícias (que está mais para a crônica do que para a história) coagula em torno de seus filhos não mais a *intelligentsia*, tradicionalmente ligada aos estudantes, mas amplas frações da própria burguesia, sobre o tema judicioso da repressão policial. Conscientemente ou não, magnífica capacidade criativa das massas, os estudantes utilizam todos os recursos da contradição, sobretudo a que proíbe o poder de ir mais longe em sua ruptura com a pequena burguesia, por exemplo, mandando atirar contra a multidão. Haveria um *casus belli* de classes e uma situação política muito perigosa. Nesse contexto, os estudantes lutam com bravura, obrigando a polícia, por invenções práticas sucessivas (grupos móveis muito bem equipados, barricadas, insolência calculada), a ir "longe demais" no "não muito longe" geral que a conjuntura política impõe. A opinião, a imprensa e a rádio burguesa se unem contra esse "longe demais", e o governo tem de ceder.

É preciso notar que o governo não teve nada a temer alguns meses antes, quando os jovens operários de Caen ou Redon entraram em confronto com os policiais de maneira mais violenta e obstinada do que jamais fizeram os grupos do Quartier Latin. Portanto, é falso dizer que foi a combatividade estudantil que provocou a crise: na verdade, a violência compensa, desde que esteja no lugar preciso que a conjuntura lhe atribui, no ponto de reversão do equilíbrio das forças. A crise resulta do fato de que um destacamento avançado da pequena burguesia (os estudantes) cristaliza em torno de sua contraviolência o rancor acumulado, divide a base de classe do poder de Estado e ameaça a todo instante provocar uma *intervenção de apoio* do proletariado, pronto para se aproveitar da confusão de seu adversário histórico. Inversamente, contra os operários de Caen, Redon e Le Mans, é preciso dizer que o gaullismo se beneficiava do apoio ou da indiferença das massas pequeno-burguesas, inclusive estudantis. Em maio, a configuração triangular, a chave da luta de classes, mudou de signo, e essa é, em seu conceito, a virtualidade revolucionária.

Essa virtualidade diz respeito, *e dirá até o fim*, a um movimento de massa com *direção pequeno-burguesa*. A reviravolta revolucionária (não legal) da *forma* bonapartista do poder de Estado era uma possibilidade objetiva em maio. Mas a inexistência de um verdadeiro partido marxista-leninista *sempre* impediu que o proletariado pudesse aspirar à direção ideológica e política da luta. Por esse mesmo motivo, a reviravolta revolucionária do poder burguês *enquanto tal* nunca foi possível, nem mesmo indicada pela conjuntura, exceto na imaginação hiperesquerdista, cem vezes descrita por Lenin, dos pequeno-burgueses inflamados e indiscretos. A palavra de ordem correta era (e ainda é): "Viva a revolução democrática popular". Apenas no desenvolvimento posterior da luta, e pela demonstração prática de sua força, de sua capacidade política de *realizar* a palavra de ordem, o proletariado poderia aspirar a tomar a direção do movimento. Hipóteses, castelos no ar.

Diante do risco real, que pode acarretar a ruína de uma *facção* burguesa, o aparelho de Estado primeiro recua. As condições particulares desse recuo o tornam espetacular. Ponto essencial numa demonstração de força, houve *clareza no desafio*: as "três condições" da União Nacional dos Estudantes da França (Unef), excelente decisão tática, sustentada sem falhas, são aquelas em relação às quais Pompidou capitula. Essa demonstração pública da eficácia dos métodos ativistas de repente torna ofensivas teses que eram sustentadas em vão por pequenas minorias havia anos no meio operário: grupos trotskistas da Via Operária, militantes maoistas da União das Juventudes Comunistas Marxistas-Leninistas (UJCML), ligadas à produção, anarcossindicalistas da Força Operária (FO). Essas minorias tiveram um papel decisivo no desencadeamento das greves na Sud-Aviation e na Renault.

No entanto, a "vitória" dos estudantes e a ocupação consecutiva do local colocam-nas diante de problemas insolúveis: a organização do movimento, sua estrutura ideológica e seu objetivo estratégico. Mal se une em torno do tema negativo e humanista da barbárie policial – simbolizado pelo slogan "CRS-SS"*, sem qualquer conteúdo político real, e que se tenta recuperar sempre que o movimento se dispersa, como a tentativa de retomar o livro negro da Unef –, a pequena burguesia recupera: a hostilidade contra o rigor proletário do socialismo científico, a desconfiança congênita contra as organizações de classe, ou mesmo contra a organização pura e simples, o individualismo emotivo, que oscila do entusiasmo hiper-revolucionário ao desânimo mais profundo, passando pelo sentimento melancólico e tinhoso da traição.

O gestual capitulacionista dos figurões da CGT alimenta dialeticamente essas carências inevitáveis, ainda mais seriamente na medida em que lhes confere uma aparência de justificação. A partir daí, assiste-se à mais surpreendente ressurreição das variantes do socialismo utópico que, desde o século XIX, compõe o húmus inalterável da tradição operária e democrática francesa como um obstáculo permanente à eficácia do marxismo-leninismo finalmente livre. Entre o reformismo jurídico, que, fora de qualquer apropriação das relações de força, arquiteta "autonomias" inverossímeis, e o putschismo à

---

*   Alusão à polícia francesa (Compagnies Républicaines de Sécurité, CRS), cuja ação repressiva era comparada aos esquadrões de proteção do regime nazista (Schutzstaffel, SS). (N. T.)

moda de Blanqui, que, a pretexto de uma guerrilha urbana, acredita derrubar o enorme aparelho de Estado pela ação insignificante de uns poucos grupos armados de capacetes e cassetetes (a coragem está fora de questão, e é singularmente nova), o ponto de equilíbrio se estabelece naturalmente em torno de dois nomes. O primeiro nem é mencionado, já que, do ponto de vista ideológico, é o que está presente de maneira mais maciça e espontânea: Proudhon; o segundo é sustentado pela atividade do grupo revolucionário "marxista" mais coerente, a juventude comunista revolucionária: Trotski. A autogestão e a descentralização vêm do primeiro; a onipotência da greve geral e a condenação irremediável das "burocracias" vêm do segundo. A ideia dos "múltiplos poderes" decompõe o tema fundamental da ditadura do proletariado; a correta denúncia dos erros de Stalin serve, na verdade, de embalagem para a indisciplina individualista, o ecletismo individual e a confusão permanente da revolução e da festa.

Por uma inversão sem paradoxo, a própria ideia de organização, quando surge afinal, é estreita, aristocrática, "vanguardista" e militar. Ela ignora as exigências da organização, e do armamento ideológico, das próprias massas. A incerteza característica da pequena burguesia encontra-se assim nas querelas entre o infrabolchevismo da espontaneidade das massas e o hiperbolchevismo da vanguarda intelectual. Apenas a preponderância absoluta do pensamento de Mao Tsé-Tung sobre as exigências da *linha de massa* poderia interromper esse vaivém. Não se chegou a tanto.

Assim, a irrupção repentina da classe operária ocorreu pela algazarra arrebatadora dos entusiasmos pequeno-burgueses. Ninguém deu forma e voz a essa formidável comoção muda. As condições da unidade prática nunca foram reunidas.

Resta dizer que a tempestade revolucionária foi antes um ciclone, girando violentamente em torno desse ponto vazio, desse branco central, em que faltava a organização comunista, mas à distância do qual, e preservando essa carência, encontramos a enorme e ofegante máquina dos Waldeck Rochet e dos Séguy; ponto a partir do qual os militantes armados com o pensamento de Mao Tsé-Tung poderiam ter instruído e conduzido o combate, mas no qual pretendiam "se agitar", segundo a excelente expressão da revista *Pékin Information*, os "palhaços revisionistas".

Palhaços tristes, palhaços brancos. Ao menos a maré das bandeiras vermelhas, exibindo em contraste sua cor lúgubre, jogou-os, a eles e a suas máscaras de cartolina, diante dos olhos das amplas massas, nas lixeiras escancaradas da História.

3
ESSA CRISE É O ESPETÁCULO DE QUAL REAL?

A crise planetária das finanças, tal como apresentada, parece um desses filmes porcarias inventados pela fábrica de sucessos pré-moldados que hoje se chama "cinema". Está tudo lá: o espetáculo progressivo do desastre, o suspense manipulado, o exotismo do idêntico (a Bolsa de Jacarta atacada do mesmo mal espetacular que Nova York, a diagonal de Moscou em São Paulo, em toda a parte o mesmo incêndio nos mesmos bancos), os desdobramentos aterrorizantes: Ai, ai, ai, e nem os "planos" mais bem arquitetados conseguem impedir a sexta-feira negra, tudo desmorona, tudo vai desmoronar... Mas ainda há esperança: na frente do palco, assustados e concentrados como num filme catástrofe, o pequeno esquadrão de poderosos, os bombeiros do incêndio monetário, os Sarkozy, Paulson, Merkel, Brown e Trichet, injetam no Buraco Central milhares de milhões. Mais tarde, todos se perguntarão (isso é para futuras novelas) de onde saiu todo esse dinheiro, já que, ao menor pedido dos pobres, eles reviram os bolsos e respondem há anos que não têm um tostão furado. Mas, por enquanto, isso não interessa. "Salvar os bancos!" Esse nobre brado humanista e democrático brota de todos os peitos políticos e midiáticos. Salvá-los a qualquer custo! Seria o caso de dizer, porque esse custo não é pouca coisa.

Devo confessar: eu mesmo, diante dos números que vêm circulando e os quais – como quase todo mundo – não consigo imaginar o que significam (o que são exatamente mil e quatrocentos bilhões de euros?), tenho confiança. Confio plenamente nos bombeiros. Todos unidos, eu sei, eu sinto, eles conseguirão. Os bancos serão até maiores do que antes; alguns bancos pequenos ou médios, que só sobreviverão porque serão salvos pela bondade dos Estados, serão entregues aos maiores a preço de banana. Ruína do capitalismo? Você está brincando! Quem deseja isso, aliás? Quem sabe o que isso quer ou queria dizer? Vamos salvar os bancos que o resto vem com o tempo. Para os atores diretamente envolvidos no filme, isto é, os ricos, seus servos, seus parasitas, os que têm inveja deles e os que os incensam, o *happy end*, talvez um pouco melancólico, é inevitável, visto o que são os dias de hoje, o mundo e os políticos que se exibem nele.

Mas devemos nos virar para os espectadores desse show, a multidão atordoada que, vagamente preocupada, compreendendo pouca coisa, totalmente desconectada de qualquer engajamento ativo nessas circunstâncias, entende como uma algazarra distante o grito dos bancos em situação desesperada, adivinha os fins de semana realmente extenuantes do glorioso grupinho de chefes de governo, vê passar os números astronômicos e obscuros e mecanicamente os compara a seus próprios recursos ou, no caso de parte considerável da humanidade, à pura e simples falta de recursos que é o fundo amargo e corajoso de sua vida. Digo que aí está o real, e somente teremos acesso a ele se nos afastarmos da tela do espetáculo e considerarmos a massa invisível daqueles para quem, pouco antes de serem jogados numa situação ainda pior do que aquela em que vivem, o filme catástrofe, com desfecho cor-de-rosa e tudo (Sarkozy beija Merkel, e todo mundo chora de alegria), nunca passou de um teatro de sombras.

Nas últimas semanas falou-se muito da "economia real" (produção e circulação de bens) e da economia – podemos dizer irreal? – de onde vêm todos os males, já que seus agentes se tornaram "irresponsáveis", "irracionais", "predadores" e cometeram todo tipo de rapinagem; depois o pânico, a massa informe das ações, das titularizações e da moeda. Essa distinção é absurda e em geral era desmentida duas linhas depois, quando, por uma metáfora de sentido contrário, a circulação e a especulação financeiras eram apresentadas como o "sistema circulatório" da economia. Coração e sangue estariam fora da realidade viva de um corpo? Um infarto financeiro seria indiferente para a saúde de toda a economia? Naturalmente, o capitalismo financeiro é – desde sempre, o que nesse caso quer dizer cinco séculos – uma peça constitutiva, central, do capitalismo em geral. Quanto aos proprietários e animadores desse sistema, eles são "responsáveis" somente pelos lucros, sua "racionalidade" é medida pelos ganhos, e predadores eles não apenas são, como têm o dever de ser.

Portanto, não existe nada mais "real" no paiol da produção capitalista do que seu estágio vendável ou seu compartimento especulativo. Além do mais, os dois últimos corrompem o primeiro: em sua esmagadora maioria, os objetos produzidos por esse tipo de maquinaria, sendo ordenados apenas pelo lucro e pelas especulações derivadas que são, desse lucro, a parte mais rápida e mais considerável, são feios, incômodos, inúteis, e já são necessários bilhões para convencer as pessoas do contrário. O que supõe que essas pessoas sejam transformadas em crianças mimadas, em eternos adolescentes, cuja existência consiste em trocar de brinquedo.

O retorno ao real não é certamente o movimento que conduz da especulação "irracional" à produção saudável. É o do retorno à vida, imediata e circunspecta, de todos aqueles que habitam este mundo. É daí que podemos observar, sem fraquejar, o capitalismo, inclusive o filme catástrofe que ele tem nos imposto nos últimos tempos. O real não é esse filme, mas a sala.

O que vemos quando nos viramos ou nos afastamos? O que vemos, se conseguimos nos desligar da ligeira angústia do vazio da qual nossos mestres esperam que ela nos faça suplicar que eles salvem os bancos? Vemos – o que se chama de fato ver – coisas simples e conhecidas de longa data: o capitalismo é apenas banditismo, irracional em sua essência e devastador em seu devir. Sempre nos fez pagar umas poucas décadas de prosperidade ferozmente desigualitária com crises em que quantidades astronômicas de dinheiro desaparecem, com expedições punitivas sangrentas em todas as zonas que ele considera estratégicas ou ameaçadoras e com guerras mundiais com que ele refaz as energias. Essa é a força didática de um olhar invertido sobre o filme da crise. O quê? Diante da vida das pessoas que assistem a esse filme, ainda ousam nos gabar um sistema que remete a organização da vida coletiva às pulsões mais baixas, à ganância, à rivalidade, ao egoísmo mecânico? Querem que elogiemos uma "democracia" em que os dirigentes são tão impunemente os empregados da apropriação financeira privada que surpreenderiam até mesmo Marx, que há 160 anos já chamava os governos de "fundos de poder do capital"? Querem a todo custo que o cidadão comum "compreenda" que é impossível tapar o buraco da Previdência, mas que eles devem tapar o buraco dos bancos sem contar os bilhões? Devemos aprovar sobriamente que ninguém cogite nacionalizar uma fábrica em dificuldades por causa da concorrência, uma fábrica em que trabalham milhares de operários, mas que seja óbvio que se faça isso no caso de um banco que está na lona por causa da especulação?

O real, em nosso caso, está claramente antes da crise. De onde vem toda essa fantasmagoria financeira? Simplesmente do fato de que venderam à força, acenando com créditos milagrosos, casas encantadoras a pessoas que não tinham absolutamente nenhum recurso para comprá-las. Em seguida, venderam promessas de reembolso a essas mesmas pessoas, misturando-as, como se faz com as drogas leves, com títulos financeiros cuja composição se tornou tão douta quanto opaca por obra de batalhões de matemáticos. De resgate em resgate, tudo isso circulou pelos bancos mais longínquos, valorizando-se cada vez mais. A garantia material dessa circulação eram as casas, é evidente. Mas bastou que o mercado imobiliário mudasse para que, essa garantia valendo menos e os credores querendo mais, os compradores conseguissem cada vez menos pagar suas dívidas. E, quando finalmente não puderam mais pagá-las, a droga infiltrada nos títulos financeiros os arruinou: eles não valiam mais nada. À primeira vista, o jogo empatou: o especulador perdeu a aposta e os compradores perderam suas casas, das quais foram gentilmente expulsos. Contudo, como sempre, o real desse empate está do lado do coletivo, da vida do dia a dia: tudo procede, *in fine*, do fato de que existem milhões de pessoas cujo salário, ou ausência de salário, faz com que elas não tenham mais onde morar. A essência real da crise financeira é uma crise de moradia. E aqueles que não têm mais onde morar não são os banqueiros. É sempre preciso voltar ao comum da vida.

A única coisa que se pode desejar nesse caso é que o real esteja também, tanto quanto possível, depois da crise. Ou seja, na lição aprendida pelo povo – e não pelos banqueiros, pelos governos que servem aos banqueiros, pelos jornais que servem aos governos – de toda essa cena sombria.

Vejo dois níveis articulados desse retorno do real. O primeiro é claramente político. E já que, como o filme mostrou, a política "democrática" é apenas serviço obsequioso aos bancos, e seu verdadeiro nome é capital-parlamentarismo, convém organizar uma política de natureza totalmente diferente, como múltiplas experiências começaram a fazer há vinte anos. Ela está e estará talvez por um longo tempo muito distante do poder de Estado, mas isso não importa. Ela começa rente ao real, pela aliança prática das pessoas mais imediatamente disponíveis para inventá-la: os proletários recém-chegados da África ou de outras partes do mundo e os intelectuais herdeiros das batalhas políticas das últimas décadas. Ela crescerá em função do que saberá fazer, ponto por ponto. Não terá nenhum tipo de relação orgânica com os partidos existentes e o sistema eleitoral e institucional que os mantém. Inventará a nova disciplina daqueles que não têm nada, sua capacidade política, a nova ideia do que será sua vitória.

O segundo nível é ideológico. É preciso derrubar o velho veredito que diz que chegamos ao "fim das ideologias". Hoje, vemos com muita clareza que esse suposto fim não tem realidade além da palavra de ordem: "Vamos salvar os bancos". Nada é mais importante do que recuperar a paixão das ideias, e opor ao mundo tal como ele é uma hipótese geral, a certeza antecipada de um curso das coisas muito diferente. Ao espetáculo pernicioso do capitalismo, opomos o real dos povos, da vida das pessoas no movimento próprio das ideias. A razão para a emancipação da humanidade não perdeu sua força. A palavra "comunismo", que durante muito tempo deu nome a essa força, foi aviltada e prostituída. Mas hoje seu desaparecimento serve apenas aos detentores da ordem, aos atores febris do filme catástrofe. Vamos ressuscitá-la em sua nova clareza. Que é também sua antiga virtude, quando Marx diz que o comunismo é a ruptura, "do modo mais radical, com as ideias tradicionais" e faz surgir "uma associação na qual o livre desenvolvimento de cada um é a condição para o livre desenvolvimento de todos"*.

Ruptura total com o capital-parlamentarismo, política inventada rente ao real popular, soberania da ideia: tudo está aí, desligando-nos do filme da crise e devolvendo-nos ao nosso próprio crescimento.

---

* Karl Marx e Friedrich Engels, *Manifesto Comunista* (São Paulo, Boitempo, 1998), p. 57 e 59. (N. E.)

II
A ÚLTIMA REVOLUÇÃO?

Por quê?¹

Por que falar de "Revolução Cultural" – nome oficial de um longo período de graves tumultos na China comunista entre 1965 e 1976? Por pelo menos três razões. 1. A Revolução Cultural foi uma referência viva e constante da ação militante em todo o mundo, e em particular na França, ao menos entre 1967 e 1976. Ela faz parte de nossa história política, fundou a corrente maoista, única criação verdadeira dos anos 1960 e 1970. Posso dizer "nossa" porque eu estava lá e, de certo modo, para citar Rimbaud, "eu estou, estou sempre". Todos os tipos de trajetórias subjetivas e práticas encontraram, na incansável inventividade dos revolucionários chineses, sua *nomeação*. Mudar a subjetividade, viver de outro modo, pensar de outro modo, os chineses – e depois nós – chamaram isso de "revolucionarização". Eles diziam: "Mudar o homem naquilo que ele possui de mais profundo". Ensinaram que, na prática política, devemos ser ao mesmo tempo "o arqueiro e o alvo", já que a antiga visão do mundo ainda está presente em nós. No fim dos anos 1960, íamos a toda parte, às fábricas, às cidades, ao campo. Milhares de estudantes se tornaram proletários, ou moravam em alojamentos de operários. Também para isso havia as palavras da Revolução Cultural: as "grandes trocas de experiência", "servir ao povo" e, ainda es-

---

¹ Este texto foi suscitado pelas Conférences du Rouge-Gorge, criadas em 2001 por Natacha Michel e eu.

sencial, a "ligação de massa". Lutávamos contra a inércia brutal do PCF, contra seu conservadorismo violento. Na China também, as pessoas atacavam o burocratismo do partido, e isso se chamava "lutar contra o revisionismo". Mesmo as cisões, os confrontos entre revolucionários de orientações diferentes chamavam-se, à maneira chinesa, "desentocar a banda negra", acabar com os que são "de esquerda na aparência e de direita na realidade". Quando participávamos de uma situação política popular, greve de fábrica ou confronto com os capatazes fascistizantes dos alojamentos, sabíamos que tínhamos de nos "distinguir na descoberta da esquerda proletária, na reconciliação do centro, no isolamento e na aniquilação da direita". O "pequeno livro vermelho" de Mao foi nosso guia, não como dizem os tolos para fins de catequização dogmática, mas, ao contrário, para nos esclarecer e inventar novos caminhos em todos os tipos de situação anteriormente desconhecidos para nós. Sobre tudo isso – não sendo daqueles que encobrem seu abandono e sua adesão à reação estabelecida com referências à psicologia das ilusões ou à moral dos descaminhos –, somente podemos citar nossas fontes e prestar nossas homenagens aos revolucionários chineses.

2. A Revolução Cultural é o exemplo-tipo (mais uma noção do maoismo: uma descoberta revolucionária que deve ser generalizada) de uma experiência que satura a forma do partido-Estado. Emprego aqui a categoria "saturação" no sentido dado por Sylvain Lazarus[2]: tentarei demonstrar que a Revolução Cultural é a última sequência política significativa ainda interna ao partido-Estado (nesse caso, o partido comunista chinês) e que fracassa nele. Maio de 1968 e suas consequências são uma coisa um pouco diferente. O movimento polonês ou o Chiapas é uma coisa diferente. A organização política é uma coisa completamente diferente. Mas sem a saturação dos anos 1960 e 1970 não haveria nada imaginável fora do espectro do(s) partido(s)-Estado(s)[3].

---

[2] Sylvain Lazarus, *Anthropologie du nom* (Paris, Seuil, 1996), p. 37.

[3] Sobre o(s) partido(s)-Estado(s) como figura central das políticas do século XX, remeto às Conférences du Rouge-Gorge: "Les régimes du siècle" [Os regimes do século], realizada por Sylvain Lazarus.

3. A Revolução Cultural é uma grande lição sobre história e política, sobre a história pensada a partir da política (e não o contrário). De fato, se examinarmos essa "revolução" (a própria palavra está no centro da saturação) seguindo a historiografia dominante ou a partir de uma questão política real, chegaremos a discordâncias surpreendentes. O que importa é ver que a natureza dessa discordância não está no registro empírico ou positivista da exatidão ou da inexatidão. Podemos estar de acordo sobre os fatos e chegar a julgamentos absolutamente opostos. É precisamente esse paradoxo que nos ajudará a entrar no assunto.

Narrativas

A versão historiográfica dominante foi estabelecida em 1968 por diversos especialistas, em particular sinólogos, e não mudou desde então. Ela se consolidou pelo fato de ter se tornado, por meias palavras, a versão oficial de um Estado chinês dominado desde 1976 por sobreviventes e revanchistas da Revolução Cultural, com Deng Xiaoping à frente.

O que diz essa versão[4]? Que, no que diz respeito à revolução, tratava-se de uma luta pelo poder na cúpula da burocracia do partido-Estado. Que o voluntarismo econômico de Mao, encarnado pela palavra de ordem do "grande salto adiante", foi um completo fracasso, a ponto de causar o retorno da fome no campo. Que, em consequência desse fracasso, Mao se tornou minoria nas instâncias dirigentes do partido e um grupo "pragmático", cujas personalidades dominantes eram Liu Shaoqi (então presidente nomeado da República), Deng Xiaoping (secretário-geral do partido) e Peng Zhen (prefeito de Pequim), impôs sua lei. Que, desde 1963, Mao tentou travar contraofensivas, mas chocou-se com as instâncias regulares do partido. Que ele recorreu então a forças estranhas ao partido,

---

[4] O livro que dá o estilo geral das versões oficiais ou "críticas" (pela primeira vez, estranhamente concordantes) da Revolução Cultural é o de Simon Leys, *Les habits neufs du président Mao* [A roupa nova do presidente Mao](Paris, LGF, 1989).

seja externas (as guardas vermelhas estudantis), seja externas/internas, singularmente o Exército, cujo controle ele retomou depois que Peng Dehuai foi eliminado e substituído por Lin Biao[5]. Que houve então, unicamente por causa do desejo de Mao de retomar o poder, uma situação caótica e sangrenta, sem que se conseguisse chegar a uma estabilização até a morte do culpado (em 1976).

É preciso reconhecer que não há nada propriamente inexato nessa versão. Mas também não há nada que tenha o sentido verdadeiro que só a compreensão política dos episódios, sua concentração num pensamento ainda ativo hoje, pode lhe dar.

1. Nenhuma estabilização? Sem dúvida. Mas porque se mostrou impossível desenvolver a novidade política no contexto do partido--Estado. Nem a mais ampla liberdade criadora das massas estudantis e operárias (entre 1966 e 1968), nem o controle ideológico e estatal do Exército (entre 1968 e 1971), nem a resolução ponto por ponto das diferenças num gabinete político em que tendências antagônicas se enfrentavam (entre 1972 e 1976) permitiram que as ideias revolucionárias se estabelecessem e uma situação política absolutamente nova, totalmente distinta do modelo soviético, pudesse nascer enfim na escala do conjunto.

2. Recurso a forças externas? Sem dúvida. Mas esse recurso tentava obter – e teve como feito tanto no curto quanto no médio prazo, e talvez até hoje – uma desintricação parcial do partido e do Estado. Tratava-se de eliminar o formalismo burocrático, ao menos enquanto durasse o gigantesco movimento. O fato de que se tenha provocado com isso a anarquia das facções mostra uma questão política essencial para os tempos vindouros: o que funda a unidade de uma política, se ela não é diretamente garantida pela unidade formal do Estado?

3. Luta pelo poder? É evidente. É ridículo contrapô-la à "revolução", já que, por "revolução", só se pode entender uma articulação de forças políticas antagônicas sobre a questão do poder. De resto, os maoistas sempre citaram Lenin, para quem, explicitamente, a

---

[5] Sobre esses episódios e, mais em geral, sobre os fatos principais desse período, remeto à cronologia da página 91.

questão da revolução é, em última instância, a questão do poder. O verdadeiro problema, muito complexo, é saber se a Revolução Cultural não acabou justamente com a concepção revolucionária da articulação entre política e Estado. Na verdade, essa foi a grande questão, o debate central e violento da Revolução Cultural.

4. O "grande salto adiante" foi um fracasso cruel? Sim, em muitos sentidos. Mas esse fracasso resulta de um exame crítico da doutrina econômica de Stalin. De maneira nenhuma deve ser atribuído a um tratamento uniforme das questões relativas ao desenvolvimento do campo pelo "totalitarismo". Mao examinou rigorosamente (inúmeras notas escritas comprovam isso) a concepção stalinista da coletivização e seu insondável desprezo pelos camponeses. Sua ideia não era coletivizar de maneira violenta e forçada, para garantir a acumulação nas cidades. Muito pelo contrário, ele queria industrializar o campo, dotá-lo de uma relativa autonomia econômica, para evitar a proletarização e a urbanização selvagens que ganharam um aspecto de catástrofe na URSS. Na verdade, Mao seguia a ideia comunista de uma solução efetiva da contradição entre a cidade e o campo, e não de uma eliminação violenta do campo em proveito da cidade. Se há fracasso, ele é de natureza política, e trata-se de um fracasso muito diferente daquele de Stalin.

Por fim, é preciso afirmar que a mesma descrição abstrata das coisas não redunda absolutamente no mesmo pensamento, se ela opera segundo axiomas políticos diferentes.

Datas

A querela também é evidente no que diz respeito às datas. O ponto de vista dominante, que é também o do Estado chinês, é que a Revolução Cultural durou dez anos, de 1966 a 1976, das guardas vermelhas até a morte de Mao. Dez anos de tumultos, dez anos de desenvolvimento racional perdidos.

Na verdade, essas datas não se sustentam, se raciocinarmos do ponto de vista estrito da história do Estado chinês, tendo como critérios: a estabilidade civil, a produção, certa unidade à frente das administrações, a coesão do Exército etc. Mas esse não é meu axioma nem esses são meus critérios. Se examinamos a questão das datas do ponto de vista da política, da invenção política, o critério principal torna-se: quando podemos dizer que surgem as criações coletivas de pensamento, do tipo político? Quando a prática e as palavras de ordem se apresentam em excesso verificável na tradição e no funcionamento do partido-Estado chinês? Quando surgem os enunciados de valor universal? Nesse caso, fincamos de maneira muito diferente os marcos do processo cujo nome é "Grande Revolução Cultural Proletária" e que chamamos entre nós de "GRCP".

No que me diz respeito, proponho dizer que a Revolução Cultural, assim concebida, forma uma sequência que vai de novembro de 1965 a julho de 1968. Eu poderia até mesmo admitir (essa é uma discussão de técnica política) uma redução drástica, que situaria o momento revolucionário propriamente dito entre maio de 1966 e setembro de 1967. O critério é a existência de uma atividade política de massa, palavras de ordem, organizações novas, lugares próprios. Por meio disso, pode-se estabelecer uma referência ambivalente, mas incontestável, de qualquer pensamento político contemporâneo digno desse nome. Nesse sentido, existe "revolução", porque existem as guardas vermelhas, os rebeldes operários revolucionários, inúmeras organizações e "quartéis generais", situações totalmente imprevisíveis, enunciados políticos novos, textos sem precedentes etc.

Hipótese

Como fazer para que esse gigantesco sismo seja exposto ao pensamento e faça sentido hoje? Formularei uma hipótese e testarei em várias dimensões, factuais ou textuais, a sequência de que trato aqui (a China entre novembro de 1965 e julho de 1968).

A hipótese é a seguinte. Estamos diante das condições de uma divisão essencial do partido-Estado (o Partido Comunista Chinês, no poder desde 1949). Divisão essencial, no sentido de que ela diz respeito a questões cruciais para o devir do país: a economia e a relação entre a cidade e o campo; a eventual transformação do Exército, o balanço da Guerra da Coreia; os intelectuais, as universidades, a arte e a literatura; e, por último, o valor do modelo soviético ou stalinista. Mas essencial também, e sobretudo, porque a corrente minoritária entre os quadros do partido é ao mesmo tempo dirigida, ou representada, por aquele cuja legitimidade histórica e popular é maior, ou seja, Mao Tsé-Tung. Existe aí um perigoso fenômeno de não coincidência entre a historicidade do partido (o longo período da guerra popular contra os japoneses e, em seguida, contra Jiang Jieshi [Chiang Kai-chek]) e o estado presente de sua atividade como ossatura do poder de Estado. De resto, durante a Revolução Cultural e, singularmente, no Exército, o período de Yenan será invocado muitas vezes como modelo da subjetividade política comunista.

Esse fenômeno tem as seguintes consequências: o confronto das posições não consegue ser normatizado pelas regras do formalismo burocrático, mas também não consegue ser normatizado pelos métodos do expurgo terrorista utilizados por Stalin nos anos 1930. Ora, no espaço do partido-Estado, existe apenas o formalismo ou o terror. Mao e seu grupo tiveram de inventar um terceiro recurso, o recurso à mobilização política de massa, para tentar dobrar os representantes da corrente majoritária, em particular seus dirigentes nas instâncias superiores do partido e do Estado. Esse recurso supõe que formas não controladas de revolta e organização sejam admitidas. O grupo de Mao, depois de muita hesitação, impôs enfim a aceitação dessas formas, primeiro nas universidades e, em seguida, nas fábricas. Mas, contraditoriamente, ele também tentou levar todas as inovações organizacionais da revolução para o espaço geral do partido-Estado.

Chegamos ao cerne da hipótese: a Revolução Cultural é o desenvolvimento histórico de uma contradição. De um lado, trata-se de dar novo ânimo à ação revolucionária de massa à margem do Estado de ditadura do proletariado ou, no jargão teórico da época, reconhecer que, ainda que o Estado fosse formalmente um Estado "proletário", a luta de classes continuava, inclusive nas formas da revolta de massa. Mao e seu grupo chegaram a dizer que, sob o socialismo, a burguesia se reconstitui e se organiza *no próprio partido comunista*. De outro lado, como a guerra civil propriamente dita é excluída, a forma geral da relação entre o partido e o Estado, em particular no que se refere às forças repressivas, deve permanecer inalterada, ao menos no sentido de que não se trata de *destruir* o partido. É o que Mao dá a entender, quando diz que "a esmagadora maioria dos quadros é boa".

Essa contradição acarretou algumas vezes extrapolações sucessivas da autoridade do partido pelas revoltas locais, a anarquia violenta dessas extrapolações, o caráter inevitável de uma imposição da ordem extremamente brutal e, por fim, a entrada decisiva do Exército popular.

As extrapolações sucessivas definem a cronologia (as etapas) da Revolução Cultural. O grupo dirigente revolucionário tentou primeiro manter a revolta no quadro das instituições de ensino. Essa tentativa fracassou em agosto de 1966, quando as guardas vermelhas se espalharam pelas cidades. Em seguida, ele tentou mantê-la no quadro da juventude escolarizada, mas no fim de 1966, e sobretudo a partir de janeiro de 1967, os operários se tornaram a força principal do movimento. Ele tentou ainda manter afastadas as direções do partido e do Estado, mas a partir de 1967 elas entraram no tumulto pelo movimento das "tomadas de poder". Por fim, ele tentou a todo custo conservar o Exército como força de reserva, o derradeiro recurso. Mas mesmo isso foi quase impossível, depois da explosão de violência ocorrida em agosto de 1967 em Wuhan e Cantão. Aliás, foi diante de um risco real de cisão das Forças Armadas que, a partir de setembro de 1967, iniciou-se o lento movimento de inversão repressiva.

A coisa deve ser dita da seguinte maneira: as invenções políticas que deram a essa sequência um aspecto revolucionário incontestável somente puderam se desenvolver como extrapolações em relação ao objetivo que lhes foi dado por aqueles que os próprios atores da revolução (a juventude e seus inúmeros grupos, os rebeldes operários...) consideravam seus dirigentes naturais: Mao e seu grupo minoritário. Consequentemente, essas invenções sempre foram localizadas e singulares, não puderam se transformar de fato em propostas estratégicas e reproduzíveis. É que, em última análise, o significado estratégico (ou o alcance universal) dessas invenções era negativo. O que elas traziam – e fizeram progredir nas consciências militantes de todo o mundo – não era nada mais do que o fim do partido-Estado como produção central da atividade política revolucionária. Mais em geral, a Revolução Cultural mostrou que não era mais possível atribuir nem as ações de massa revolucionárias nem os fenômenos organizacionais à lógica estrita da representação de classes. É por isso que ainda hoje a Revolução Cultural é um episódio político de primeiríssima importância.

Campos experimentais

Eu gostaria de testar a hipótese acima com sete referentes selecionados, considerados em ordem cronológica.

1. A circular de dezesseis pontos de agosto de 1966, que talvez seja em grande parte de autoria de Mao e, em todo o caso, é o documento central mais inovador, mais em ruptura com o formalismo burocrático dos partidos-Estados.

2. As guardas vermelhas e a sociedade chinesa (o período que vai de agosto de 1966 a pelo menos agosto de 1967). Sem dúvida nenhuma, exploração dos limites da capacidade política da juventude secundarista e universitária mais ou menos entregue a si mesma, fossem quais fossem as circunstâncias.

3. Os "rebeldes revolucionários operários" e a Comuna de Xangai (janeiro-fevereiro de 1967), episódio capital e não realizado, porque propõe uma forma de poder alternativo ao centralismo do partido.

4. As "tomadas de poder": "grande aliança", "tripla união" e "comitês revolucionários", de janeiro de 1967 à primavera de 1968. Trata-se de saber se o movimento criou realmente novas organizações ou se apenas visava regenerar o partido.

5. O incidente de Wuhan (julho de 1967). Foi o auge do movimento, o Exército ameaçava se dividir, a extrema-esquerda continuava em vantagem, mas sucumbiu.

6. A entrada dos operários nas universidades (fim de julho de 1968), que é, na realidade, o episódio final da existência das organizações estudantis independentes.

7. O culto da personalidade de Mao. Essa característica foi tantas vezes objeto do sarcasmo ocidental que acabamos nos esquecendo de perguntar qual seria afinal seu significado e, em particular,

onde esse "culto" serviu de bandeira, não para os conservadores do partido, mas para os rebeldes estudantes e operários.

A decisão em dezesseis pontos

Esse texto foi adotado por uma seção do comitê central em 8 de agosto de 1966. Ele põe em cena, com certa genialidade, a contradição fundamental da empreitada denominada "Revolução Cultural". Um dos símbolos dessa encenação é que ele não explica, ou explica muito pouco, a denominação ("cultural") da sequência política em andamento. Exceto pela enigmática e metafísica primeira frase: "A revolução cultural visa mudar o homem naquilo que ele possui de mais profundo". Nesse caso, "cultural" equivale a "ideológico", num sentido particularmente radical.

Uma das vertentes do texto é um chamado puro e simples à revolta espontânea, dentro da grande tradição das legitimações revolucionárias. É muito provável que esse texto fosse ilegal, porque a redação do comitê central foi "corrigida" pelo grupo de Mao com o apoio do Exército (ou de certas unidades leais a Lin Biao). Militantes revolucionários das universidades estavam presentes, burocratas conservadores foram impedidos de participar. Na realidade, e isso é muito importante, essa decisão inicia um longo período de inexistência do comitê central e do secretariado do partido. A partir daí, os textos centrais importantes eram assinados em conjunto por quatro instituições: o comitê central, é claro, mas que não passava de um fantasma; o "grupo encarregado da Revolução Cultural", grupo *ad hoc* muito restrito[6], mas que dispunha da realidade do poder propriamente político, no

---

[6] Até setembro de 1967, o grupo dirigente maoista compreendia doze pessoas: Mao, Lin Biao, Chen Boda, Jiang Qing, Yao Wenyuan, Zhu Enlai, Kang Sheng, Zhang Chunqiao, Wang Li, Guan Feng, Lin Jie e Qi Benyu. Contam que Chen Yi, velho veterano de centro-direita e piadista corajoso, dizia: "É isso o grande partido comunista chinês? Doze pessoas?". Podemos observar, no entanto, que o grupo dirigente do Comitê de Salvação Pública, entre 1792 e 1794, era ainda mais restrito. As revoluções combinam gigantescos fenômenos de massa com uma direção política muito restrita, na maioria das vezes.

sentido de que era reconhecido pelos rebeldes; o conselho dos negócios do Estado, presidido por Zhu Enlai; e, por último, garantindo um mínimo de continuidade administrativa, a temível comissão militar do comitê central, remanejada por Lin Biao.

Alguns trechos da circular são de uma virulência singular, tanto no que diz respeito à exigência revolucionária imediata quanto à necessidade de contrapor novas formas de organização ao partido.

No que se refere à mobilização popular, cito em particular os pontos 3 e 4, cujos títulos são: "Conceder a primazia à audácia e mobilizar as massas sem reservas" e "Que as massas se eduquem no movimento". Por exemplo:

> O que o comitê central do partido pede aos comitês do partido em todos os escalões é perseverar na direção correta, conceder primazia à audácia, mobilizar as massas sem reservas, acabar com esse seu estado de fraqueza e impotência, encorajar os camaradas que cometeram erros, mas querem corrigi-los, a se livrar do fardo de suas culpas e a se juntar à luta, destituir de suas funções os que ocupam cargos de direção e seguem a via capitalista, e tomar a direção para entregá-la aos revolucionários proletários.

Ou ainda:

> É preciso confiar nas massas, apoiar-se nelas e respeitar seu espírito de iniciativa. É preciso se livrar do medo e não recear os tumultos. O presidente Mao sempre nos ensinou que uma revolução não pode se realizar com tanta elegância e delicadeza, ou com tanta mansidão, amabilidade, cortesia, moderação e generosidade. Que as massas se eduquem nesse grande movimento revolucionário e façam a distinção entre o que é justo e o que não é, entre a maneira certa e errada de agir!

E por fim:

> É preciso empregar plenamente o método dos jornais murais em letras garrafais e dos grandes debates para permitir manifestações amplas e francas de opiniões, a fim de que as massas possam expressar suas visões justas, criticar as visões errôneas e denunciar os gênios malévolos. Desse modo, as amplas massas poderão elevar sua consciência política na

luta, aumentar sua capacidade e seus talentos, discernir o que é justo do que não é e distinguir os inimigos que se escondem entre eles.

Um detalhe do ponto 7 é particularmente importante e teve enormes consequências práticas: "Nenhuma medida deve ser tomada contra os alunos das universidades, institutos, escolas secundárias e primárias a propósito de problemas que surjam entre eles durante o movimento".

Todos compreendem na China que, ao menos pelo período que começava, a juventude revolucionária das cidades estava garantida por uma forma de impunidade. Evidentemente, foi isso que permitiu que ela se espalhasse por todo o país e levasse com ela o espírito de revolução, ao menos até setembro de 1967.

No que se refere às formas de organização, o ponto 9, intitulado "A propósito dos grupos, dos comitês e dos congressos da Revolução Cultural", avalia a invenção no e pelo movimento de múltiplos agrupamentos políticos alheios ao partido:

> Muitas coisas novas começaram a surgir no movimento da Grande Revolução Cultural Proletária. Os grupos e os comitês da Revolução Cultural, assim como outras formas de organização, criadas pelas massas em numerosas escolas e numerosos organismos, são algo novo e de grande importância histórica.

Essas novas organizações não eram consideradas temporárias, o que prova que, em agosto de 1966, o grupo maoista cogitava destruir o monopólio político do partido: "Os grupos, comitês e congressos da Revolução Cultural não devem ser organizações temporárias, mas organizações de massa permanentes, destinadas a funcionar por muito tempo".

Enfim, tratava-se claramente de organizações submetidas à democracia de massa, e não à autoridade do partido, como mostra a referência à Comuna de Paris, portanto a uma situação proletária anterior à teoria leninista do partido:

> É necessário aplicar um sistema de eleição geral, semelhante ao da Comuna de Paris, para eleger os membros dos grupos e dos comitês da

Revolução Cultural e os representantes nos congressos da Revolução Cultural. As listas dos candidatos devem ser propostas pelas massas revolucionárias após amplas consultas, e as eleições somente ocorrerão após sucessivas discussões dessas listas pelas massas. Os membros [dos comitês] e os representantes [nos congressos] podem ser substituídos por meio de eleições ou revogados pelas massas após discussões, caso se mostrem incompetentes.

Mas, se lermos o texto com atenção – sabendo o que significa "ler um texto", quando ele provém de uma instância dirigente de um partido comunista –, observaremos que, pelas restrições cruciais impostas à liberdade de crítica, ocorre algo como um entravamento do impulso revolucionário, para o qual ele apela constantemente.

Em primeiro lugar, o texto defende axiomaticamente que o partido é bom em sua maioria. O ponto 8 ("A propósito dos quadros") distingue, com base na experiência da Revolução Cultural, quatro tipos de quadros (devemos lembrar que "quadro" na China é qualquer um que tenha autoridade, por menor que seja): os bons, os relativamente bons, os que cometeram erros graves, mas recuperáveis, e, por último, "um pequeno número de direitistas antipartido e antissocialistas". A tese é que "as duas primeiras categorias (os que são bons ou relativamente bons) constituem a grande maioria". Isso significa que o aparelho de Estado e sua direção interna (o partido) estavam em boas mãos, o que torna paradoxal o recurso a métodos revolucionários de tão grande envergadura.

Em segundo lugar, embora o texto diga que as massas devem ter a iniciativa, a crítica nominal dos responsáveis do Estado ou do partido é rigorosamente controlada "de cima". Sobre esse ponto, a estrutura hierárquica do partido retrocede bruscamente (ponto 11: "A propósito da crítica feita nomeadamente na imprensa"): "Toda crítica que for feita nomeadamente na imprensa deve ser submetida às discussões do comitê do partido no mesmo escalão e, em certos casos, à aprovação do comitê do partido no escalão superior".

O resultado dessa diretriz foi que inúmeros quadros do partido, a começar pelo presidente da República, Liu Shaoqi, foram violentamente criticados pelas organizações revolucionárias de massa nos "jornaizinhos", nas caricaturas e nos murais durante meses, ou até anos, antes que seus nomes aparecessem na imprensa principal. Mas, desse modo, essas críticas mantiveram um caráter local, ou rescindível. Deixaram pendentes as decisões correspondentes.

Por fim, o ponto 15 ("As Forças Armadas"), extremamente sucinto, leva indiretamente a uma questão decisiva: quem tem autoridade sobre o aparelho repressivo? Classicamente, o marxismo diz que a revolução deve romper o aparelho repressivo do Estado que ela tem por fim transformar de alto a baixo. Não há dúvida de que não é o que se entende aqui:

> Nas Forças Armadas, a Revolução Cultural e o movimento de educação socialista devem ser conduzidos de acordo com as instruções da comissão militar do comitê central do partido e do departamento político geral do Exército Popular de Libertação.

Mais uma vez, a autoridade centralizada do partido retrocede.

Enfim, a circular de dezesseis pontos combina orientações ainda discordantes e prepara, até por seu estilo belicoso, os sucessivos impasses do movimento em sua relação com o partido-Estado. É claro que se trata ainda de definir, partindo do movimento de massa, um caminho político diferente daquele que a corrente principal impôs nos anos anteriores à cúpula do partido. Mas duas questões essenciais permanecem pendentes: quem aponta os inimigos, quem define os alvos da crítica revolucionária? E, nessa questão tão importante, qual é o papel desse aparelho repressivo considerável: segurança pública, milícias, exército?

Guardas vermelhas e sociedade chinesa

Na esteira da circular de agosto, o fenômeno das "guardas vermelhas", organizações da juventude escolarizada, ganhou uma dimensão extraordinária. Quem não conhece os gigantescos ajuntamentos na praça Tiananmen que ocorreram no fim de 1966, quando Mao se mostrava em silêncio a milhares de moças e rapazes? Mas o mais importante é que as organizações revolucionárias invadiram as cidades, utilizando caminhões emprestados do Exército, e depois todo o país, aproveitando o transporte gratuito em trens com o pretexto de "trocar experiências".

O que é certo é que temos aqui a força de ataque da extensão do movimento para toda a China. Reinava nesse movimento uma liberdade absolutamente admirável, as tendências se enfrentavam às claras, os jornais, os panfletos, as flâmulas, os cartazes intermináveis multiplicavam revelações de todos os tipos, assim como as declarações políticas. Caricaturas ferozes não poupavam ninguém (em agosto de 1967, as acusações contra Zhu Enlai em grandes cartazes colocados à noite foram uma das causas da queda da tendência dita de "ultraesquerda"). Manifestações acompanhadas de gongos, tambores e proclamações inflamadas circulavam pelas ruas até tarde da noite.

Por outro lado, a tendência à militarização, a ação não controlada de grupos de choque, surgiu logo no início. A palavra de ordem geral era a da luta revolucionária contra as velhas ideias e os velhos costumes (o que deu conteúdo ao adjetivo "cultural", que, em chinês, significa "relativo à civilização" e, em jargão velho-marxista, "pertencente à superestrutura"). Muitos grupos interpretaram essa palavra de ordem de maneira destrutiva e violenta, ou mesmo persecutória. A perseguição às mulheres que usavam tranças, aos intelectuais letrados, aos professores indecisos, a todos os "quadros" que não praticavam a mesma fraseologia de tal ou tal grupelho, o saque de museus e bibliotecas, a arrogância intolerável dos chefetes revolucionários em relação à massa de indecisos, tudo isso provocou nas pessoas comuns uma verdadeira aversão à ala extremista das guardas vermelhas.

A base do problema já aparecia na circular de 16 de maio de 1966, primeiro ato público de rebelião de Mao contra a maioria do comitê central. Essa circular declarava claramente que era preciso defender que "sem destruição não há construção". Ela estigmatizava os conservadores, que pregavam o espírito "construtivo" para se opor à destruição das bases de seu poder. Mas foi difícil encontrar o equilíbrio entre a evidência da destruição e o caráter lento e tortuoso da construção.

A verdade é que, armadas apenas da palavra de ordem da "luta do novo contra o velho", muitas guardas vermelhas cederam a uma tendência (negativa) bastante conhecida das revoluções: a iconoclastia, a perseguição de pessoas por motivos fúteis, uma espécie de barbárie assumida. Essa também é a inclinação da juventude entregue a si mesma. Concluiu-se daí que toda organização política deveria ser transgeracional, e que organizar a separação política da juventude era uma péssima ideia.

É claro que as guardas vermelhas não inventaram o radicalismo anti-intelectual do espírito revolucionário. No momento de condenar à morte o químico Lavoisier, durante a Revolução Francesa, o acusador público Fouquier-Tinville disse esta frase estupenda: "A República não precisa de sábios". A verdadeira revolução julga que pode criar tudo de que necessita, e deve-se respeitar esse absolutismo criador. Nesse sentido, a Revolução Cultural foi uma verdadeira revolução. Sobre a questão da ciência e da técnica, a palavra de ordem fundamental era a de que o que importava era ser "vermelho", e não "especialista". Ou, na versão "moderada", que depois se tornou oficial: deve-se ser "vermelho e especialista", mas primeiro vermelho.

Mas o que agravou consideravelmente a barbárie de certos grupos de choque revolucionários foi que, na escala da ação da juventude, não havia espaço político global para a afirmação política, para a criação positiva do novo. A tarefa da crítica, da destruição, tinha muito mais evidência do que a da invenção, porque esta continuava presa às lutas implacáveis que aconteciam na cúpula do Estado.

A Comuna de Xangai

O fim de 1966 e o início de 1967 representam um momento forte na Revolução Cultural: os operários das fábricas entram em cena de maneira maciça e decisiva. Xangai teve um papel piloto nesse momento.

É preciso ver o paradoxo dessa entrada do que, oficialmente, era a "classe dirigente" do Estado chinês. Ela ocorreu pela direita, se é que posso dizer assim. Em dezembro de 1966, os burocratas locais, a direção conservadora do partido e da prefeitura, usaram uma clientela operária – em particular os sindicalistas – contra o movimento maoísta das guardas vermelhas. Como aconteceu, aliás, em Maio de 1968 e nos anos seguintes na França, quando o PCF tentou usar a velha-guarda da CGT contra os estudantes revolucionários ligados aos jovens operários. Aproveitando a situação instável, os bonzos do partido e da prefeitura de Xangai lançaram os operários em reivindicações setoriais puramente econômicas e ainda os incitaram contra qualquer intervenção dos jovens revolucionários nas fábricas e nas administrações (assim como em Maio de 1968 o PCF entrincheirou as fábricas com piquetes a suas ordens e perseguiu os "esquerdistas" por toda a parte). Esses movimentos sindicalizados, dirigidos de maneira dura, foram de longo alcance, em especial a greve dos transportes e do abastecimento de energia, e visavam espalhar um clima de caos, para que os bonzos do partido pudessem se apresentar como os salvadores da ordem. Por todas essas razões, a minoria revolucionária viu-se obrigada a intervir contra as greves burocratizadas e opor ao "economismo" e à exigência de "incentivos materiais" uma austera campanha a favor do trabalho comunista e, sobretudo, da primazia da consciência política global sobre as reivindicações particulares. Esse era o terreno da grande palavra de ordem defendida por Lin Biao em especial: "Lutar contra o egoísmo e criticar o revisionismo" (como se sabe, "revisionismo" significava para os maoistas a linha de abandono de qualquer dinâmica revolucionária seguida pela URSS, os partidos comunistas que dependiam dela e um grande número de quadros do partido chinês).

No início, o grupo maoista operário era fraco. Falava-se de 4 mil operários por volta do fim de 1966. Evidentemente, ele se uniu às guardas vermelhas e formou uma minoria ativista. No entanto, o horizonte de ação nas fábricas propriamente ditas não era muito amplo, exceto em certas empresas que fizeram sua glória, como a fábrica de máquinas-ferramentas, apresentada durante anos pelos revolucionários como um exemplo. A meu ver, os ativistas maoistas se manifestaram na escala do poder urbano, porque a ação direta operária encontrou forte resistência nas fábricas (a burocracia era muito arraigada ali). Com ajuda de parte dos quadros, ligados de longa data a Mao, e de uma fração do Exército, eles derrubaram as autoridades municipais e o comitê local do partido. Daí o que foi chamado depois de "tomada de poder" e que, com o nome de "Comuna de Xangai", marcou uma virada na Revolução Cultural.

Essa "tomada de poder" foi paradoxal desde o início. De um lado, ela se inspirou – assim como a circular de dezesseis pontos – num contramodelo absoluto do partido-Estado: a coalizão de organizações díspares que constituía a Comuna de Paris e cuja anarquia ineficaz já havia sido criticada por Marx. De outro lado, não havia nenhum desenvolvimento nacional possível para esse contramodelo, na medida em que, em nível nacional, a figura do partido ainda era a única aceita, embora muitos de seus órgãos tradicionais estivessem em crise. Durante os episódios tumultuados da revolução, Zhu Enlai continuou a ser o garantidor da unidade do Estado e do funcionamento mínimo das administrações. Que se saiba, ele nunca foi desautorizado por Mao nessa tarefa que o obrigou a seguir os ventos da época, inclusive com a direita (foi ele que restabeleceu Deng Xiaoping, "o segundo dos mais altos responsáveis que, embora do partido, engajaram-se na via capitalista", conforme a fraseologia da revolução, e isso desde meados dos anos 1970). Ora, Zhu Enlai especificou muito claramente às guardas vermelhas que "as trocas de experiência" em todo o país eram lícitas, mas não poderia haver uma organização revolucionária de dimensão nacional.

Assim, a Comuna de Xangai, formada após discussões intermináveis que partiram de organizações estudantis e operárias na base local, só pôde conseguir uma unidade frágil. Mais uma vez, se o gesto (a "tomada do poder" pelos revolucionários) foi fundamental, seu espaço político era muito estreito. Daí resultou que a entrada em cena dos operários foi ao mesmo tempo uma ampliação espetacular da base de massa revolucionária, um grande e às vezes violento teste das formas de poder burocratizadas e o esboço sem futuro de uma nova articulação entre a iniciativa política popular e o poder de Estado.

As tomadas de poder

Nos primeiros meses de 1967, seguindo a escola de Xangai, onde os revolucionários derrubaram as autoridades municipais antimaoistas, as "tomadas de poder" se repetiram em todo o país. Há um aspecto material impressionante nesse movimento: os revolucionários, organizados em grupelhos e grupos de choque, em grande parte estudantis e operários, invadiram todos os tipos de prédios administrativos, inclusive das prefeituras e do partido, e instalaram neles um novo "poder", em geral numa confusão dionisíaca, e não sem violência e destruição. Muitas vezes, "mostravam às massas" os antigos detentores do poder em cerimônias nada confiáveis. O burocrata, ou assim considerado, levava um chapéu de burro na cabeça e um cartaz que descrevia seus crimes; ele baixava a cabeça e recebia uns pontapés, ou pior. Esses exorcismos são práticas revolucionárias bem conhecidas. Eles mostravam às pessoas comuns que os antigos intocáveis, aqueles cuja soberba foi tolerada em silêncio, estavam expostos à humilhação pública. Depois da vitória de 1949, os comunistas chineses organizaram cerimônias desse tipo em toda a região rural para destituir moralmente os antigos proprietários de terras, os "déspotas locais e maus fidalguetes", mostrando ao menor camponês chinês, que durante milênios não teve a menor importância, que o mundo tinha "mudado de base", e agora ele era o verdadeiro dono do país.

Mas devemos prestar atenção ao fato de que, a partir de fevereiro, a palavra "comuna" – para designar os novos poderes locais – desaparece e é substituída por "comitê revolucionário". É claro que essa mudança não é inocente, porque "comitê" foi sempre o nome dos órgãos provinciais ou municipais do partido. Portanto, em todas as províncias houve um amplo movimento de posse dos "comitês revolucionários", dos quais não se disse claramente se representavam, ou substituíam pura e simplesmente, os antigos e temidos "comitês do partido".

Na verdade, a ambiguidade da designação indica o comitê como um produto espúrio do conflito político. Para os revolucionários locais, tratava-se de substituir o partido por um poder político diferente, depois da eliminação quase total dos antigos quadros dirigentes. Para os conservadores, que lutavam palmo a palmo, tratava-se de restabelecer os quadros locais depois de uma pseudocrítica. Eles foram encorajados a prosseguir nesse caminho pelas declarações centrais de que a grande maioria dos quadros do partido era boa. Para a direção nacional maoista, concentrada no reduzido "grupo do comitê central para a Revolução Cultural", isto é, uma dúzia de pessoas, tratava-se de definir um alvo para as organizações revolucionárias (as "tomadas de poder") e inspirar um medo duradouro nos adversários, preservando ao mesmo tempo o quadro geral do exercício do poder, que, aos seus olhos, permanece o partido único. As fórmulas pouco a pouco avançadas privilegiavam a unidade. Falava-se de "tripla união", o que significava reunir nos comitês um terço de revolucionários recém-chegados, um terço de antigos quadros que haviam feito eventualmente uma autocrítica e um terço de militares. Falava-se também de "grande aliança", o que queria dizer que, localmente, as organizações revolucionárias deveriam se unir e cessar os confrontos (às vezes armados) entre si. Essa unidade supunha, na verdade, uma coerção cada vez maior, inclusive sobre o conteúdo das discussões, e uma limitação cada vez mais rígida do direito de se organizar livremente em torno de uma ou outra iniciativa ou convicção. Mas o que poderia ser feito, salvo deixar a coisa degringolar numa guerra civil e confiar no que aconteceria no aparelho repressivo? O debate ocupou quase todo o ano de 1967, ano decisivo em todos os sentidos.

O incidente de Wuhan

Esse episódio do verão de 1967 é particularmente interessante, porque apresenta todas as contradições de uma situação revolucionária no momento de seu apogeu, que é naturalmente o momento em que sua involução se anuncia.

Em julho de 1967, com o apoio de militares conservadores, a contrarrevolução dos burocratas dominou a enorme cidade industrial de Wuhan, que não contava com menos de 500 mil operários. O poder efetivo estava nas mãos de um oficial, Chen Zaidao. É claro que duas organizações operárias ainda se enfrentavam, e esses confrontos causaram dezenas de mortes em maio e junho. A primeira, apoiada de fato pelo Exército e ligada aos quadros locais e aos antigos sindicalistas, chamava-se Milhão de Valorosos. A segunda, bastante minoritária, chamava-se Aço e encarnava a linha maoista.

A direção central, preocupada com o domínio reacionário na cidade, enviou o ministro da Segurança Pública e um membro muito conhecido do "grupo do comitê central para a Revolução Cultural", um tal Wang Li. Esse Wang Li era muito popular entre as guardas vermelhas por suas tendências declamatórias "esquerdistas". Ele já havia defendido que era necessário fazer um expurgo no Exército. Os enviados levavam a ordem de Zhu Enlai de apoiar o grupo rebelde Aço, conforme a diretriz endereçada aos quadros em geral e aos militares em particular: "Distinguir-se no discernimento e no apoio da esquerda proletária no movimento". Devemos dizer, de passagem, que Zhu Enlai se incumbiu da pesada tarefa de arbitrar entre as facções, entre as organizações revolucionárias rivais, e, por isso, recebia dia e noite delegados da província. Ele foi o responsável, portanto, pelos progressos da "grande aliança" e da unificação dos "comitês revolucionários", e também pelo discernimento da "esquerda proletária" nas situações concretas, que se tornavam cada vez mais confusas e violentas.

No dia em que chegaram, os delegados do poder central realizaram um grande encontro com as organizações rebeldes num estádio da cidade. A exaltação revolucionária foi ao máximo.

Podemos ver todos os atores da fase ativa da revolução em suas devidas posições: os quadros conservadores, e sua considerável capacidade de mobilização, primeiro no campo (as milícias oriundas dos subúrbios rurais participaram da repressão das guardas vermelhas e dos rebeldes depois da virada de 1968), mas também entre os operários e, é claro, na administração; as organizações rebeldes, estudantis e operárias, contando com seu ativismo, com sua coragem e com o apoio do grupo central maoísta para vencer, embora fossem minoria muitas vezes; o Exército, solicitado a escolher quem apoiava; o poder central, procurando ajustar sua política às situações.

Em algumas cidades, a situação que unia todos esses atores era extremamente violenta. Em Cantão, em particular, os confrontos entre os grupos de choque das organizações rivais eram diários. Localmente, o Exército decidiu lavar as mãos. Pretextando que, na circular de dezesseis pontos, dizia-se que não se devia intervir nos problemas que surgissem durante o movimento, o comandante local pedia apenas que, antes de uma briga de rua, fosse assinado diante dele um "atestado de rixa revolucionária". Era proibido apenas chamar reforços de fora. O resultado é que, em Cantão, houve dezenas de mortes todos os dias durante o verão.

Em Wuhan, a coisa terminou mal. Na manhã de 20 de julho, os grupos de choque do Milhão de Valorosos, apoiados por unidades do Exército, ocuparam os pontos estratégicos da cidade e iniciaram uma caça aos rebeldes. O hotel onde estavam hospedados os representantes do poder central foi atacado. Um grupo de militares prendeu e espancou sem piedade Wang Li e alguns guardas vermelhos. O "esquerdista" foi "mostrado às massas" com um cartaz pendurado no pescoço que o tachava – ironia da situação! – de "revisionista", justamente ele, que via revisionistas por toda a parte. O ministro da Segurança foi isolado em seu quarto. A universidade e os membros do grupo Aço, epicentros da tendência rebelde, foram atacados por grupos armados, com o apoio de blindados. Contudo, quando a notícia começou a se espalhar, outras unidades do Exército tomaram partido contra os conservadores e seu comandante Chen Zaidao. A organização Aço preparou uma contraofensiva. O comitê revolucionário foi detido. Alguns militares conseguiram libertar Wang Li, que deixou a cidade correndo pelos bosques e pelos terrenos baldios.

A situação beirava a guerra civil. Foram necessários o sangue-frio do poder central e as declarações firmes de várias unidades do Exército em todas as províncias para mudar o curso dos acontecimentos.

Que lições para o futuro devem ser tiradas desse tipo de episódio? Num primeiro momento, Wang Li, com o rosto inchado, foi recebido como um herói em Pequim. Jiang Qing, esposa de Mao e grande dirigente rebelde, deu-lhe um abraço caloroso. Em 25 de julho, 1 milhão de pessoas o aclamaram na presença de Lin Biao. A corrente de ultraesquerda, que acreditava ir de vento em popa, exigiu um expurgo radical no Exército. Foi nesse momento também, em agosto, que os cartazes começaram a acusar Zhu Enlai de direitista.

Mas tudo isso foi apenas um momento. Evidentemente, em Wuhan, houve apoio aos grupos rebeldes e Chen Zaidao foi substituído. Dois meses depois, porém, foi a vez de Wang Li ser brutalmente eliminado do grupo dirigente, não houve expurgo significativo no Exército, a importância de Zhu Enlai só fez crescer e o retorno à ordem começou a ser imposto contra as guardas vermelhas e certas organizações rebeldes operárias.

O que se destaca dessa vez é o papel capital do Exército Popular como pilar do partido-Estado chinês. Ele recebeu um papel estabilizador na revolução e foi solicitado a apoiar a esquerda rebelde, mas não foi previsto nem permitido que ele se dividisse e abrisse em grande escala a perspectiva de uma guerra civil. Os que desejavam a guerra foram eliminados pouco a pouco. E o fato de ter compactuado com eles acarretou contra a própria Jiang Qing uma desconfiança constante, parece que até da parte de Mao.

Nesse estágio da Revolução Cultural, Mao desejava que a unidade prevalecesse nas fileiras rebeldes, em especial operárias, e começou a temer os estragos causados pelo espírito de facção e pela arrogância das guardas vermelhas. Em setembro de 1967, depois de um giro pelas províncias, ele lançou a diretriz: "Nada essencial divide a classe operária", o que, para quem sabe ler, significa, em primeiro lugar, que havia distúrbios violentos entre as organizações rebeldes e conservadoras e, em segundo lugar, que era imperativo que esses distúrbios cessassem, as organizações fossem desarmadas e o aparelho repressivo recuperasse o monopólio legal da violência, assim como sua estabilidade política. A partir de julho, ao mesmo tempo que demonstrava seu costumeiro espírito de luta e rebelião (ele ainda disse nesse momento, com visível prazer, que "todo o país está na briga" e "a luta, mesmo violenta, é boa; quando as contradições vêm à tona, é mais fácil resolvê-las"), Mao estava preocupado com a guerra das facções. Declarou que, "quando os comitês revolucionários são fundados, os revolucionários pequeno-burgueses devem ser conduzidos corretamente", estigmatizou o esquerdismo, que "é, na verdade, um direitismo", e, sobretudo, irritou-se com o fato de que, desde janeiro e da tomada do poder em Xangai, "a ideologia burguesa e pequeno-burguesa que estava em pleno desenvolvimento entre os intelectuais e os jovens universitários arruinou a situação".

A entrada dos operários nas universidades

Em fevereiro de 1968, os conservadores acreditaram que era a hora da desforra, depois da involução do movimento no fim do verão de 1967. Mas Mao e seu grupo estavam prevenidos. Lançaram uma campanha que condenava a "contracorrente de fevereiro" e reafirmaram seu apoio aos grupos revolucionários e à criação de novos órgãos de poder.

Contudo, manter as universidades sob o jugo de grupelhos rivais não era mais sustentável numa lógica geral de retorno à ordem e na perspectiva de um congresso do partido encarregado de avaliar a revolução (esse congresso foi realizado no início de 1969, homologando o poder de Lin Biao e dos militares). Era preciso dar o exemplo, evitando ao mesmo tempo a eliminação pura e simples das últimas guardas vermelhas, concentradas nos prédios da universidade de Pequim. A solução adotada foi simplesmente extraordinária: ele apelou para milhares de operários organizados para que, sem armas, cercassem a universidade, desarmassem as facções e garantissem diretamente sua própria autoridade. Como diria mais tarde o grupo dirigente, "a classe operária deve dirigir tudo" e "os operários permanecerão por um bom tempo, ou até para sempre, nas universidades". Esse episódio é um dos mais impressionantes de todo o período, porque torna visível a necessidade, por parte da força anárquica e violenta dos jovens, de reconhecer uma autoridade "de massa" acima dela, e não apenas, nem mesmo principalmente, a autoridade institucional dos dirigentes reconhecidos. O momento é ainda mais impressionante e dramático porque alguns estudantes atiraram contra os operários, houve mortes e, na sequência, Mao e todos os dirigentes do grupo maoísta convocaram os líderes estudantis mais conhecidos, em particular um certo Kuai Dafu, líder adorado das guardas vermelhas da universidade de Pequim e conhecido em todo o país. Existe uma transcrição dessa conversa franca entre os jovens revolucionários teimosos e a velha-guarda[7]. Mao expressa a grande decepção que o espírito de facção entre os jovens lhe causou, assim como um resto de amizade

---

[7] A ata foi traduzida e longamente comentada (em italiano) por Sandro Russo, hoje certamente o analista mais competente e fiel a tudo que diz respeito à Revolução Cultural. Ver, por exemplo, "The conclusion scene. Mao and the Red Guards in July 1968", *Positions*, v. 13, n. 3, 2005.

política por eles e a vontade de encontrar uma saída. Vemos que, convocando os operários, Mao quis evitar que a situação caísse sob "controle militar", quis proteger aqueles que foram seus primeiros aliados, os emissários do entusiasmo e da inovação política. Mas Mao também era um homem do partido-Estado. Ele queria sua renovação, mesmo que violenta, e não sua destruição. Sabia que, submetendo o último quadrilátero de jovens revoltados "esquerdistas", ele liquidaria a última margem que restava para aquilo que não concordava com a linha (em 1968) dos dirigentes reconhecidos da Revolução Cultural: uma linha de reconstrução do partido. Ele sabia disso, mas conformou-se. Porque ele não tinha – e ninguém tinha – hipótese alternativa para a existência do Estado, e a imensa maioria do povo, depois de dois anos de exaltação, embora extremamente difíceis, queria que o Estado existisse e desse a conhecer sua existência, duramente, se necessário.

O culto da personalidade

Sabemos que, durante a Revolução Cultural, o culto de Mao ganhou formas extraordinárias. Houve não só as estátuas gigantes, o pequeno livro vermelho, a invocação constante do presidente em todas as circunstâncias, os hinos ao "grande timoneiro", mas houve sobretudo uma extensão inaudita da unicidade da referência, como se os ditos e escritos de Mao fossem suficientes em qualquer circunstância, inclusive quando se tratava de estimular o crescimento dos tomates ou decidir o uso (ou não) do piano nos concertos sinfônicos[8]. É surpreendente ver que foram os grupos rebeldes mais violentos, mais contrários à ordem burocrática que levaram mais longe esse aspecto das coisas. Foram eles em particular que lançaram

---

[8]   Os exemplos são reais e deram origem a artigos traduzidos em francês na revista *Pékin Information*. Sabemos por eles como a dialética maoísta permite fazer os tomates crescerem ou como encontrar a linha correta no que se refere ao uso do piano na música sinfônica na China. Quanto ao mais, esses textos são muito interessantes, ou mesmo convincentes, não exatamente pela implicação explícita, mas pela tentativa de criar do nada um outro pensamento.

a máxima "a autoridade absoluta do pensamento de Mao Tsé-Tung" e declararam que todos deviam se submeter a esse pensamento, mesmo quando não o compreendessem. Devemos reconhecer que são enunciados simplesmente obscurantistas.

Devemos acrescentar que, como todas as facções e organizações em disputa invocam o pensamento de Mao, a expressão – capaz de dar orientações totalmente contraditórias – acaba perdendo o sentido, fora do uso superabundante de citações cuja exegese é constantemente variável.

Mesmo assim, eu gostaria de fazer algumas observações. De um lado, esse tipo de devoção, assim como o conflito das exegeses, são muito comuns nas religiões estabelecidas, inclusive entre nós, mas não vemos uma patologia nisso; muito pelo contrário, as grandes religiões monoteístas são sagradas para nós. Ora, não há dúvida de que Mao prestou infinitamente mais serviços reais a seu povo – ele o livrou simultaneamente da invasão japonesa, do colonialismo sorrateiro das potências "ocidentais", do feudalismo no campo e da pilhagem pré-capitalista – do que prestaram aos nossos países as personagens fictícias ou eclesiais da história recente das tais religiões monoteístas. De outro lado, a sacralização, inclusive biográfica, dos grandes artistas é um dado recorrente da nossa prática "cultural". Damos importância aos recibos de lavanderia de tal ou tal grande poeta. Se a política é, como acredito que é, e como a poesia também pode ser, um processo de verdade, então sacralizar os criadores políticos não é nem mais nem menos estúpido do que sacralizar os criadores artísticos. Talvez menos, se pensarmos bem, porque a criação política é provavelmente mais rara, e com certeza mais arriscada, e dirige-se mais imediatamente a todos, e singularmente aos que em geral o poder considera inexistentes, como os camponeses e os operários chineses antes de 1949.

Mas isso não nos dispensa de esclarecer o fenômeno particular do culto político, dado invariável dos Estados e partidos comunistas, e dado paroxístico da Revolução Cultural.

De um ponto de vista geral, o "culto da personalidade" está ligado à tese de que o partido, representante da classe operária, é a fonte hegemônica da política, o detentor obrigatório da linha correta. Como se dizia nos anos 1930, "o partido tem sempre razão". O problema é que nada garante a representação nem a certeza hiperbólica quanto à racionalidade. Portanto, é importante que haja, como substituto dessa garantia, uma representação da representação que seja uma singularidade, legitimada precisamente por sua singularidade apenas. Por fim, uma pessoa, um corpo singular desempenha a função de garantia superior, na forma esteticamente clássica do gênio. Aliás, é curioso que, sendo educados na teoria do gênio no campo das artes, nós nos choquemos tanto quando ela surge no campo da política. Para os partidos comunistas, entre os anos 1920 e 1960, a genialidade individual era apenas a encarnação, o ponto fixo da duvidosa capacidade representativa do partido. É mais fácil acreditar na retidão e na força intelectual de um homem distante e solitário do que na verdade e na pureza de um aparelho cujos chefetes todos conhecem bem.

Na China, a questão é ainda mais complexa. Durante a Revolução Cultural, Mao encarnou menos a capacidade representativa do partido do que aquilo que discerniu e combateu, no próprio partido, o temível "revisionismo". Ele foi aquele que disse, ou deixou que dissessem em seu nome, que a burguesia é politicamente ativa no partido comunista. Também foi aquele que animou os rebeldes, propagou a palavra de ordem "Temos razão de nos revoltar" e encorajou os distúrbios, enquanto era incensado como presidente do partido. Nesse sentido, em alguns momentos ele foi menos aquele que garantia o partido real para a massa dos revolucionários do que a encarnação de um partido proletário ainda por vir. Ele é como a desforra da singularidade contra a representação.

Em última análise, devemos sustentar que "Mao" é um nome intrinsecamente contraditório no campo político revolucionário. De um lado, é o nome supremo do partido-Estado, seu presidente incontestável, aquele que, como chefe militar e fundador do regime, detém a legitimidade histórica do partido comunista. De outro, "Mao" é o nome daquilo que, no partido, não é redutível à burocracia de Estado. Ele o é, evidentemente, pelo chamado à revolta lançado à juventude e aos operários. Mas ele o é do próprio interior da legitimidade do partido. De fato, muitas vezes é pelas decisões transitoriamente minoritárias, ou mesmo dissidentes, que Mao garante a continuação da experiência política absolutamente singular dos comunistas chineses entre 1920 e a vitória dos anos 1940 (desconfiança contra os conselheiros soviéticos, renúncia do modelo insurrecional, "cerco das cidades pelo campo", prioridade absoluta da ligação de massa etc.). Em todos os sentidos, "Mao" é o nome de um paradoxo: o rebelde no poder, o dialético à prova das necessidades contínuas do "desenvolvimento", o emblema do partido-Estado à procura de sua superação, o chefe militar que prega a desobediência às autoridades...[9] Foi isso que deu a seu "culto" um aspecto frenético, porque ele acumulava subjetivamente a aquiescência à pompa stalinista do Estado e o entusiasmo de toda a juventude revolucionária pelo velho rebelde que o estado de coisas não satisfazia e que queria marchar ativamente em direção ao comunismo real. "Mao" designava a "construção do socialismo", mas também a sua destruição.

Em última análise, por seu próprio impasse, a Revolução Cultural atesta a impossibilidade de libertar realmente e de forma global a política do quadro do partido-Estado, quando ela está inserida nele. Ela é uma experiência de saturação insubstituível, porque, nela, uma vontade violenta de buscar um novo caminho político, recomeçar a revolução, descobrir formas novas da luta operária nas condições formais do socialismo vem se chocar contra a manutenção obrigatória do quadro geral do partido-Estado, por razões de ordem de Estado e de recusa da guerra civil.

Sabemos hoje que toda política de emancipação deve acabar com o modelo do partido, ou dos partidos, afirmar-se como política "sem partido", mas sem cair na figura anarquista, que nunca passou de crítica vazia, cópia ou sombra dos partidos comunistas, como a bandeira negra é a cópia ou a sombra da bandeira vermelha. Con-

---

[9] Sobre Mao como paradoxo, deve-se ler o belíssimo livro de Henry Bauchau, *Essai sur la vie de Mao Zedong* [Ensaio sobre a vida de Mao Tsé-Tung] (Paris, Flammarion, 1982).

tudo, nossa dívida com a Revolução Cultural é imensa. Associado a essa corajosa e grandiosa saturação do motivo do partido – contemporâneo do que hoje aparece claramente como a última revolução ainda ligada ao motivo das classes e da luta de classes –, nosso maoismo foi a experiência e o nome de uma transição fundamental. E, se ninguém fosse fiel a essa transição, nada existiria.

BREVE CRONOLOGIA DA REVOLUÇÃO CULTURAL

1. Pré-história recente (das "cem flores" à "banda negra")

a) Campanha "Que cem flores desabrochem" (1956). Em junho de 1957, a campanha se torna uma violenta denúncia persecutória contra os "intelectuais direitistas", tachados na sequência de "gênios malévolos". Início do "grande salto adiante", em maio de 1958, e das "comunas populares", em agosto de 1958. Em agosto de 1959, destituição de Peng Dehuai (ministro da Defesa), que criticou o movimento de coletivização. Ele é substituído por Lin Biao.

b) A partir de 1961, constatação de um balanço desastroso do voluntarismo econômico. O comitê central decide "reajustar" os objetivos. Liu Shaoqi substitui Mao Tsé-Tung na presidência da República. Entre 1962 e 1966, 15 milhões de exemplares das obras de Liu são vendidos na China, contra 6 milhões das de Mao. Publicação da peça histórica de Wu Han (vice-prefeito de Pequim), *A destituição de Hai Rui* (uma crítica indireta à destituição de Peng Dehuai). Em setembro de 1965, numa reunião do gabinete político, Mao pede e não obtém a condenação de Wu Han. Ele se retira para Xangai.

2. A abertura (do artigo de Yao Wenyuan à decisão em dezesseis pontos)

a) Em colaboração com Jiang Qing, esposa de Mao, Yao Wenyuan publica um artigo violento contra Wu Han em Xangai. O alvo é o prefeito de Pequim, Peng Zhen, considerado o líder da "banda negra". Entre janeiro e fevereiro de 1966, um primeiro "grupo da revolução cultural do comitê central", paradoxalmente presidido por Peng Zhen, é formado para julgar o caso. Esse grupo (dito "dos cinco") difunde as "teses de fevereiro", bastante inofensivas, que tentam limitar a crítica.

b) Contudo, um grupo se constitui em Xangai, sob a proteção de Lin Biao e Jiang Qing, e realiza uma "discussão sobre as atividades literárias e artísticas no Exército". Textos são transmitidos à comissão militar do comitê central (órgão da mais alta importância). A divisão do partido parece consumada.

c) Em maio de 1966, reunião "ampliada" do gabinete político. Nomeação de um novo "grupo de revolução cultural do comitê central", denúncia veemente do grupo de Peng Zhen num documento fundamental para tudo que acontece na sequência, um documento conhecido como "circular de 16 de maio". Segundo o texto, é necessário "criticar os representantes da burguesia infiltrados no partido, no governo, no Exército e nos meios culturais". Em 25 de maio, sete alunos da Universidade Beida atacam o reitor num cartaz escrito com letras garrafais. Verdadeiro início da mobilização estudantil.

d) Mao deixa Pequim. As autoridades enviam "grupos de trabalho" às universidades para controlar o movimento. Entre fim de maio e fim de julho, período chamado "dos cinquenta dias", enquadramento brutal por parte desses "grupos de trabalho".

e) Em 18 de julho, Mao volta a Pequim. Fim dos grupos de trabalho. De 1º a 12 de agosto, é realizada uma sessão do comitê central "ampliado". Ela não segue a regra. Lin Biao utiliza o Exército para proibir a presença de membros regulares e permitir a presença de revolucionários do mundo universitário. A linha maoísta obtém uma pequena maioria nessas condições. Mao defende publicamente o cartaz da Universidade Beida. Ele aparece em 9 de agosto. Carta política da revolução: a "declaração em dezesseis pontos". Ela diz em particular: "Na Grande Revolução Cultural Proletária, as massas só podem se libertar por si mesmas, não se pode de maneira nenhuma agir em seu lugar". Isso significa que não serão reprimidas as iniciativas dos grupos estudantis.

3. O período das "guardas vermelhas"

a) A partir de 20 de agosto, vindos das instituições escolares e universitárias, grupos ativistas de "guardas vermelhas" espalham-se pela cidade com o intuito de "destruir de alto a baixo o pensamento, a cultura, os hábitos e os costumes antigos". Em particular, perseguição duríssima dos intelectuais e dos professores, considerados mais uma vez, inclusive por Mao, "gênios malévolos". Sucessão de ajuntamentos gigantescos de guardas vermelhas em Pequim, em consequência em particular do direito que ganharam de circular gratuitamente de trem, para "amplas trocas de experiência". Críticas a Liu Shaoqi e Deng Xiaoping em cartazes, panfletos, caricaturas, jornaizinhos...

b) A partir de novembro, primeiros incidentes políticos ligados à intervenção de guardas vermelhas nos locais de produção. Os antimaoistas utilizam os sindicatos oficiais e certas milícias camponesas contra os revolucionários, que começam a se dividir em grupelhos ("fracionismo"). Violência esporádica.

4. Entrada em cena dos operários e das "tomadas de poder"

a) As autoridades de Xangai provocam distúrbios, estimulando todo tipo de reivindicação "economista" no meio operário. Problema particularmente agudo: o salário dos operários-camponeses temporários e a questão dos bônus. Greve dos transportes e perseguição dos grupos estudantis. Em janeiro de 1967, com o apoio de uma parte do Exército, um grupo de guardas vermelhas e "rebeldes revolucionários" operários, que criaram "comitês de fábrica", "tomam o poder", ocupando os prédios administrativos, os meios de comunicação etc. Derrubam o comitê do partido e decidem formar a "Comuna de Xangai". Negociações intermináveis entre os grupos. Domínio dos grupos operários e presença ainda muito limitada dos antigos quadros do partido e do Exército.

b) As "tomadas de poder" se espalham por todo o país a partir de 1967. Grande desordem no Estado e na economia. A politização bastante desigual faz com que a implantação de novos órgãos de poder seja anárquica e precária. Tendência a destituir e "julgar" todos os antigos quadros ou, ao contrário, manipulação de grupos "revolucionários" mais ou menos de mentira por parte desses quadros. Ajustes de contas misturados ao entusiasmo revolucionário.

c) A autoridade central é concentrada no grupo do comitê central para a Revolução Cultural, no conselho dos negócios de Estado, dirigido por Zhu Enlai, e na comissão militar, presidida por Lin Biao. Ela define uma fórmula para os novos poderes, chamada "tripla união": um terço de representantes das "massas revolucionárias", um terço de quadros do partido que deram prova de seu valor, ou se emendaram, e um terço de militares. As organizações revolucionárias "de massa" devem antes se unir entre si (a "grande aliança"). O nome do novo órgão é "comitê revolucionário de tripla união". O primeiro comitê provincial desse tipo é formado em 13 de fevereiro (província de Guizhou).

5. Tumultos, violências e cisões de todos os tipos

a) Ao mesmo tempo que as críticas a Liu Shaoqi começam na imprensa (ainda sem menção a seu nome), a desordem cresce em todo o país. Numerosos atos de violência, inclusive armada, opõem os maoistas aos conservadores, a polícia e o Exército ora a estes, ora àqueles, e os grupos maoistas entre si. As organizações de massa, assim como a direção revolucionária, dividem-se constantemente. Uma tendência visa unir o mais rápido possível todas as organizações revolucionárias e instalar comitês em todo o país, abrindo espaço para os antigos quadros. Na verdade, essa tendência quer reconstruir rapidamente o partido. Zhu Enlai, encarregado da manutenção das funções básicas do Estado, é o mais ativo nessa direção. Outra tendência quer eliminar um grande número de quadros e ampliar o expurgo para toda a administração, inclusive o Exército. Seus representantes mais conhecidos são Wang Li e Qi Benyu.

b) Em julho, o incidente de Wuhan põe a região, e por fim todo o país, num clima de guerra civil. Em Wuhan, o Exército protege abertamente os quadros tradicionais e as organizações operárias ligadas a eles. Wang Li, enviado da autoridade central, que quer apoiar os "rebeldes", é sequestrado e espancado. Forças militares externas têm de intervir. A unidade do Exército é ameaçada.

c) Surgimento de cartazes contra Zhu Enlai. Durante todo o mês de agosto, atos de violência anárquicos, em particular em Cantão. Depósitos de armas são saqueados. Dezenas de mortos todos os dias. A Embaixada Britânica em Pequim é incendiada.

6. O início do retorno à ordem e o fim da revolução propriamente dita

a) Em setembro de 1967, depois de um giro pelas províncias, Mao toma o partido da linha de "reconstrução". Essencialmente, ele apoia Zhu Enlai e atribui ao Exército um papel amplo (quando as facções não conseguem se entender, há "controle militar"). O grupo de extrema-esquerda (Wang Li) é eliminado dos órgãos centrais. "Estágios de estudo do pensamento de Mao Tsé-Tung" são organizados para toda a população, com frequência sob a proteção dos militares. Palavras de ordem: "apoiar a esquerda, e não as frações", com base em uma frase do relatório de Mao, e "nada essencial divide a classe operária".

b) Em muitos lugares, essa correção é praticada como uma violenta repressão contra as guardas vermelhas, ou mesmo contra os rebeldes operários, e como uma chance de desforra política (é a "contracorrente de fevereiro de 1968"). Assim, Mao convoca novamente a ação no fim de março de 1968: é preciso defender os comitês revolucionários e não se deve temer nem os tumultos nem o fracionismo.

c) Contudo, essa é a última escaramuça "de massa". A autoridade central decide acabar com os últimos bastiões da revolta estudantil, entregues a guerras entre grupelhos (às vezes sangrentas), e evitar ao mesmo tempo o controle militar imediato, ao menos em Pequim. Destacamentos de operários são enviados às universidades. O grupo central da Revolução Cultural recebe os estudantes "esquerdistas" mais famosos, que resistiram fisicamente à entrada dos operários. É um diálogo de surdos (o "rebelde" mais conhecido, Kuai Dafu, é preso).

d) A palavra de ordem "a massa operária deve dirigir totalmente" sela o fim das guardas vermelhas e dos rebeldes revolucionários e, com o nome de "luta, crítica, reforma", inicia uma fase dedicada à reconstrução do partido. Um grande número de jovens revolucionários é enviado para o campo ou regiões distantes.

7. Referências posteriores

a) O nono congresso do partido, em abril de 1969, aprova um retorno à ordem autoritário, amplamente estruturado pelo Exército (45% dos membros do comitê central), sob o comando de Lin Biao.

b) Esse período militarista, extremamente opressivo, leva a novos confrontos violentos dentro do partido. Lin Biao é eliminado (provavelmente assassinado) em 1971.

c) Até a morte de Mao, longo período complexo, marcado pelo conflito constante entre Deng Xiaoping e muitos dos quadros antigos, que retornaram sob a proteção de Zhu Enlai e do "bando dos quatro", que encarna a memória da Revolução Cultural (Yao Wenyuan, Zhang Chunqiao, Jiang Qing e Wang Hongwen).

d) Logo após a morte de Mao, em 1976, os quatro são presos. Deng toma o poder por um longo período, que é, na verdade, um período de implantação dos métodos capitalistas (durante a Revolução Cultural, Deng era denominado "o segundo dos mais altos responsáveis que, embora do partido, engajaram-se na via capitalista"), com a manutenção do partido-Estado.

III
A COMUNA DE PARIS: UMA DECLARAÇÃO POLÍTICA SOBRE A POLÍTICA

Durante muito tempo[1], partidos, grupos, sindicatos e facções que reivindicavam os operários e o povo foram formalmente fiéis à Comuna de Paris. Mantiveram o enunciado conclusivo de Marx nesse texto admirável que é *A guerra civil na França*: "A Paris dos trabalhadores, com sua Comuna, será eternamente celebrada como a gloriosa precursora de uma nova sociedade"*.
As pessoas iam regularmente ao Muro dos Federados, monumento que lembra os 20 mil fuzilados de maio de 1871. Marx mais uma vez: "Seus mártires [da Comuna] estão gravados no grande coração da classe trabalhadora"**.
A classe operária tem coração? Hoje, ela pouco se recorda, ou se recorda mal. Recentemente, a Comuna de Paris foi excluída do currículo de história, apesar de já ocupar pouco espaço. Levam vantagem os descendentes diretos dos versalheses, aqueles por quem o comunismo é uma utopia criminosa, os operários são uma invenção marxista ultrapassada, a revolução é uma orgia sangrenta e a ideia de uma política não parlamentar é um sacrilégio despótico.
Mas, como sempre, o problema não é de memória, é de verdade. Como se concentra para nós, hoje, a verdade política da Comuna? Sem negligenciar apoios factuais e textuais, vamos reconstituir, por meios amplamente filosóficos, a irredutibilidade desse episódio de nossa história.

---

[1] Este texto foi suscitado pelas Conférences du Rouge-Gorge.
* São Paulo, Boitempo, 2011, p. 79. (N. E.)
** Idem. (N. E.)

Que fique claro que, quando digo "nossa" história, refiro-me ao "nós" da política de emancipação, àquele cuja bandeira virtual continua sendo a vermelha, e não a tricolor que os assassinos da primavera de 1871 ostentavam.

Referências 1. Os fatos

Começaremos por alguns esqueléticos levantamentos datados. Esse será um primeiro percurso, já que, em seguida, reordenaremos a narrativa com base em categorias novas (situação, aparecer, sítio, singularidades, evento, inexistente...).

Exatamente na metade do século XIX, na França, Napoleão III tomou o poder. Ele representa um balanço negocista e autoritário da revolução republicana de fevereiro de 1848. Uma solução desse tipo era praticamente certa, depois que a pequena burguesia republicana consentiu e até apoiou o massacre dos operários parisienses pelas tropas de Cavaignac, poucos meses depois da insurreição e da queda de Luís Filipe, em junho de 1848. Do mesmo modo que, organizando em 1919 o massacre dos espartaquistas liderados por Rosa Luxemburgo, a pequena burguesia social-democrata alemã preparou a distância a possibilidade da hipótese nazista.

Em 19 de julho de 1870, o regime, muito seguro de si, mas também vítima das manobras tortuosas de Bismarck, declara guerra à Prússia. Em 2 de setembro, acontece o desastre de Sedan e a captura do imperador. O perigo provoca o armamento parcial da população parisiense, na forma de uma guarda nacional cuja base são os operários. Na verdade, a situação interna é que é determinante: em 4 de setembro, o Império cai após grandes manifestações e a tomada da prefeitura de Paris. Mas, assim como em 1830 e 1848, o poder é imediatamente monopolizado por um grupo de políticos "republicanos" – Jules Favre, Jules Simon, Jules Ferry ("a república dos Jules", segundo Henri Guillemin) e Émile Picard (Adolphe Thiers por trás do pano) –, todos eles pessoas que só desejam uma coisa: negociar com Bismarck para conter o ímpeto político popular. Como têm de vender gato por lebre, anunciam imediatamente a República, para moderar a determinação da população parisiense, mas não especificam seu conteúdo constitucional e, para atrair o patriotismo, declaram-se o "governo da defesa nacional". Nessas condições, a multidão se deixa levar, tendendo para a resistência que será exacerbada pelo duro cerco dos prussianos a Paris.

Em outubro, em condições vergonhosas, Bazaine capitula em Metz com o núcleo principal das tropas francesas. Todos os tipos de tramoias governamentais, contados nos mínimos detalhes nos belos livros de Henri Guillemin sobre a guerra de 1870 e as origens da Comuna, levam à rendição de Paris e ao armistício de 28 de janeiro de 1871. Está claro há muito tempo, para a maioria dos parisienses, que o governo é, na verdade, o da "deserção nacional".

Mas ele é também o governo da defesa burguesa contra os movimentos populares. O problema agora é o desarmamento dos operários parisienses da guarda nacional. Os políticos instalados no poder acreditam que a situação lhes é favorável por pelo menos três razões. Em primeiro lugar, eles elegem às pressas uma assembleia dominada pela reação rural e provincial; na verdade, uma "raríssima" câmara de extrema-direita, legitimista e socialmente revanchista. Contra a revolução, nada como uma eleição – essa máxima foi retomada tal e qual por De Gaulle, Pompidou e seus aliados da esquerda oficial em junho de 1968. Em segundo lugar, Blanqui, principal líder revolucionário reconhecido, está preso. Em terceiro lugar, as cláusulas do armistício permitem que as tropas prussianas continuem cercando Paris a norte e a leste.

Na madrugada de 18 de março, destacamentos militares tentam tomar os canhões que estão em poder da guarda nacional. Essa tentativa esbarra numa impressionante mobilização espontânea do povo de Paris, em especial das mulheres, nos bairros operários. As tropas se retiram, o governo se refugia em Versalhes.

Em 19 de março, o comitê central da guarda nacional, com direção operária eleita pelas unidades da guarda, faz uma declaração política, texto fundamental que discutirei em detalhes mais adiante.

Em 26 de março, as novas autoridades parisienses organizam a eleição de uma Comuna com noventa membros.

Em 3 de abril, a Comuna ensaia um primeiro ataque militar para confrontar as tropas que o governo, com a permissão dos prussianos, reorganiza contra Paris. Esse ataque fracassa. Os prisioneiros são massacrados, em particular dois membros conhecidos da Comuna, Flourens e Duval. O povo começa a pressentir o que será a ferocidade da repressão.

Em 9 de abril, o melhor dirigente militar da Comuna, um republicano polonês chamado Dombrowki, tem certo sucesso, em especial na retomada de Asnières.

Em 16 de abril, as eleições complementares para a Comuna ocorrem em meio a uma grande tranquilidade e de maneira absolutamente regular.

Entre 9 e 14 de maio, a situação militar se deteriora consideravelmente na periferia sudoeste. Queda dos fortes de Issy e Vanves.

Durante todo esse período (entre o fim de março e meados de maio), a vida do povo de Paris prossegue de maneira pacífica e criativa. Todos os tipos de medidas sociais, relativas ao trabalho, à educação, às mulheres e às artes, são discutidos e decididos. Para dar uma ideia da hierarquia das representações, em 18 de maio – o exército governamental entrou maciçamente em Paris em 21 de maio – o povo votou o número de classes que seriam criadas nas escolas primárias.

Na verdade, Paris era pacífica e extraordinariamente politizada. Os testemunhos puramente descritivos são raros: os intelectuais não militantes apoiavam Versalhes em geral, e a maioria deles (Flaubert, Goncourt, Dumas filho, Leconte de Lisle, George Sand...) fez declarações ignóbeis. Mais admiráveis foram Rimbaud e Verlaine, partidários declarados da Comuna, e Victor Hugo, que, sem entender nada do que estava acontecendo, opôs-se instintivamente e nobremente à repressão.

Uma crônica é absolutamente notável. Sua atribuição a Villiers de L'Isle-Adam ora é contestada, ora é reafirmada. Seja como for, ela mostra de maneira intensa a combinação de paz e vivacidade política que a Comuna instalou nas ruas de Paris:

> As pessoas entram, saem, circulam, ajuntam-se. O riso do moleque de Paris interrompe as discussões políticas. Aproximem-se dos grupos, escutem. Todo um povo fala de coisas sérias, pela primeira vez ouvem-se

operários trocando opiniões sobre problemas que até agora apenas os filósofos haviam abordado. Nenhum rastro de vigias; nenhum policial obstrui a rua ou incomoda os transeuntes. A segurança é perfeita.

Antigamente, quando esse mesmo povo saía avinhado de seus bailes de barreira, o burguês se afastava, dizendo baixinho: "Se essa gente fosse livre, o que seria de nós? O que seria deles?". Eles são livres e não dançam mais. Eles são livres e trabalham. Eles são livres e combatem. Quando um homem de boa fé passa por eles hoje, compreende que um novo século acaba de eclodir, e o cético se põe a sonhar.

Entre 21 e 28 de maio, as tropas versalhesas tomam Paris, barricada por barricada; os últimos combates acontecem nos redutos operários dos distritos do nordeste: 11º, 19º, 20º... Os massacres se sucedem sem interrupção, mesmo depois da "semana sangrenta". Ao menos 20 mil pessoas são fuziladas. 50 mil são presas.

Assim começa a Terceira República, ainda hoje considerada por alguns a era de ouro da "cidadania".

Referências 2. A interpretação clássica

Na mesma época, Marx propôs um balanço da Comuna inteiramente inserido na questão do Estado. Para ele, trata-se do primeiro caso histórico em que o proletariado assume sua função transitória de direção, ou administração, de toda a sociedade. Das iniciativas e dos impasses da Comuna, ele chega à conclusão de que não se deve "tomar" ou "ocupar" a máquina de Estado, mas quebrá-la.

Devemos dizer, de passagem, que o principal defeito dessa análise talvez seja supor que a questão do poder estava realmente na ordem do dia entre março e maio de 1871. Daí as "críticas" persistentes, que depois se tornaram lugar-comum: o que faltou à Comuna foi capacidade de decisão. *Se* tivesse investido imediatamente contra Versalhes, *se* tivesse confiscado o ouro do Banco da França... A meu ver, esses "se" não têm conteúdo válido. A Comuna não tinha meios nem de responder nem provavelmente de pensar nisso.

Na verdade, o balanço de Marx é ambíguo. Por um lado, ele elogia tudo que lhe parece ir ao encontro da dissolução do Estado e, mais precisamente, do Estado-nação. Nesse sentido, ele cita a rejeição de um exército profissional em proveito do armamento direto do povo, o fato de que os funcionários públicos eram eleitos e exoneráveis, o fim da separação dos poderes em benefício de uma instância que era tanto deliberativa quanto executiva e o internacionalismo (o delegado das finanças da Comuna era um alemão, os chefes militares eram poloneses etc.). Mas, por outro lado, ele lamenta incapacidades que são, na verdade, incapacidades do Estado: a fraqueza da centralização militar, a impossibilidade de definir prioridades financeiras, ou ainda a imperícia no que diz respeito à questão nacional, na maneira de se dirigir às outras cidades, no que é dito ou não sobre a guerra com a Prússia, ou no que se refere à adesão da massa rural.

É espantoso ver que, vinte anos depois, no prefácio de 1891 à reedição do texto de Marx, Engels formaliza no mesmo sentido as contradições da Comuna. De fato, ele mostra que as duas forças políticas dominantes no movimento de 1871, os proudhonianos e os blanquistas, foram levadas a fazer o contrário daquilo que sua ideologia explícita exigia. Os blanquistas eram partidários da centralização desmedida, do complô armado graças ao qual um grupo reduzido de homens decididos toma e exerce o poder de maneira autoritária, em favor da massa operária. Ora, eles tiveram de proclamar a livre federação de todas as comunas e o fim da burocracia de Estado. Os proudhonianos eram contra qualquer apropriação coletiva dos meios de produção e a favor da pequena empresa "autogerida". Tiveram de apoiar a formação de amplas associações operárias com o objetivo de dirigir diretamente a grande indústria. Naturalmente, Engels conclui daí que a fraqueza da Comuna residia numa inadequação das formas ideológicas às decisões de Estado. E que o balanço desse contraste era simplesmente o fim do blanquismo e do proudhonismo em proveito de um único "marxismo".

Mas qual era a adequação da corrente representada por Marx e Engels em 1871, ou até bem mais tarde, à situação? Com quais meios suplementares sua suposta hegemonia teria dotado a Comuna?

Na verdade, a ambiguidade do balanço de Marx foi promovida, por mais de um século, pela disposição social-democrata e, em seguida, por sua radicalização leninista, isto é, pelo motivo fundamental do partido.

O partido "social-democrata", o partido "da classe operária", o partido "proletário", ou mais tarde o partido "comunista", é livre em relação ao Estado e ao mesmo tempo ordenado pelo exercício do poder.

Trata-se de um órgão puramente político, constituído por adesão subjetiva, por ruptura ideológica, e, como tal, externo ao Estado. Ele é livre em relação à dominação: traz em si a temática da revolução, da destruição do Estado burguês.

Contudo, ele também é o organizador de uma capacidade centralizada e disciplinada, inteiramente inclinada à tomada do poder de Estado. Traz em si a temática de um Estado novo, o Estado da ditadura do proletariado.

Portanto, podemos dizer que o partido *realiza* a ambiguidade do balanço marxista da Comuna, dá corpo a ela. O partido torna-se o lugar político de uma tensão fundamental entre o caráter de não Estado, ou mesmo anti-Estado, da política de emancipação e o caráter de Estado da vitória e da duração dessa política. E isso tanto se essa "vitória" for insurrecional quanto se for eleitoral: o esquema mental é o mesmo.

É exatamente por isso que o partido criou (completamente, a partir de Stalin) a figura do partido-Estado. O partido-Estado é creditado com uma capacidade permanente de resolver os problemas que a Comuna deixou pendentes: centralização da defensiva policial e militar, completa destruição das posições econômicas burguesas, adesão ou submissão dos camponeses à hegemonia operária, criação de uma Internacional poderosa etc.

Não é por acaso que, segundo a lenda, Lenin dançou na neve no dia em que o poder bolchevique atingiu – e depois superou – os 72 dias em que se cumpriu todo o destino da Comuna de Paris.

Resta perguntar se, dando uma solução aos problemas *de Estado* que a Comuna não conseguiu resolver, o partido-Estado não suprimiu muitos dos problemas *políticos* que a Comuna teve o mérito de vislumbrar.

Em todo caso, é espantoso que, pensada na retroação do partido--Estado, a Comuna seja reduzida a dois parâmetros: primeiro, sua

determinação *social* operária; segundo, o exercício heroico, mas defeituoso, do *poder*.
A Comuna é esvaziada desse modo de qualquer conteúdo propriamente político. Ela é comemorada, celebrada e reivindicada, mas como simples ponto de articulação da natureza social do poder de Estado. E, na medida em que é apenas isso, é *politicamente ultrapassada*. Ultrapassada para aquilo que Sylvain Lazarus propôs chamar de modo político stalinista, para o qual o partido é o lugar único da política.
É por isso que a *comemoração* é também o que impede qualquer *reativação*.
A esse respeito, há uma história interessante que envolve Brecht. Depois da guerra, Brecht retornou com cautela para a Alemanha "socialista", onde as tropas soviéticas ditavam a lei. Ele começou se instalando na Suíça em 1948, só para se informar de longe. Foi lá que ele escreveu, com a ajuda de Ruth Berlau, sua namorada na época, uma peça histórica: *Os dias da Comuna*. Trata-se de uma obra solidamente documentada, que mistura personagens históricas e heróis populares. Uma obra mais lírica e cômica do que épica. Uma boa peça teatral, em minha opinião, embora pouco representada. Chegando à Alemanha, Brecht propôs a montagem de *Os dias da Comuna* às autoridades. Ora, naquele ano de 1949, as autoridades em questão declararam a representação inoportuna! Como o socialismo estava sendo vitoriosamente introduzido na Alemanha do Leste, não convinha perder tempo com um episódio difícil e ultrapassado da consciência proletária como a Comuna. Ou seja, Brecht não escolheu uma boa carta de apresentação. Ele não compreendeu que, depois que Stalin definiu o leninismo – reduzido ao culto do partido – como "o marxismo da época das revoluções vitoriosas", não era para perder tempo com revoluções derrotadas.

Dito isso, qual é a interpretação de Brecht da Comuna? Para saber, vamos ler as duas últimas estrofes de um canto incluído na peça, cujo título é "Resolução dos membros da Comuna":

Considerando que vocês nunca conseguem
Nos garantir salários decentes,

Nós mesmos assumiremos as fábricas,
Considerando que sem vocês haverá o bastante para nós.
Considerando que vocês escolheram
Nos ameaçar com fuzis e canhões
Nós decidimos que uma vida miserável
Era mais terrível para nós do que a morte.

Considerando que, prometa o que prometer,
Nós não confiamos no governo,
Nós decidimos que, de hoje em diante, sob nossa própria direção,
Nós construiremos uma vida melhor para nós.
Considerando que aos canhões vocês obedecem,
Essa é a única língua que entendem,
Nós teremos então, e é ainda lucro,
De apontar os canhões para vocês.

Vemos claramente que o quadro geral ainda é o da interpretação clássica. A Comuna é a combinação do social e do poder, da satisfação material e dos canhões.

Referências 3. Uma reativação chinesa

Durante a Revolução Cultural, em particular entre 1966 e 1972, a Comuna de Paris tornou-se ativa novamente e mencionada com frequência, como se os maoístas chineses, às voltas com a hierarquia congelada do partido-Estado, procurassem referências anteriores à Revolução de Outubro e ao leninismo oficial. Foi assim que, com base na diretriz de dezesseis pontos de agosto de 1966, texto provavelmente escrito em grande parte pelo próprio Mao, a recomendação era inspirar-se na Comuna de Paris, em particular no que dizia respeito à eleição e à revogabilidade dos dirigentes das novas organizações que surgiam no movimento de massa. Em janeiro de 1967, após a derrubada da prefeitura de Xangai pelos revolucionários operários e estudantis, o novo órgão de poder foi batizado de "Comuna de Xangai". É claro que uma parte dos maoístas tentava se reportar *politicamente* à questão do poder e do Estado de um modo diferente daquele canonicamente determinado pela forma stalinista do partido.

Contudo, essas tentativas são precárias. Prova disso é, em primeiro lugar, que, no que se refere aos novos órgãos de poder provinciais ou municipais estabelecidos no fim das "tomadas de poder", a denominação "comuna" foi trocada por "comitê revolucionário", muito mais vaga. Prova disso também é a comemoração do centenário da Comuna na China, em 1971. O tamanho das manifestações mostra que se tratava de algo mais do que uma comemoração, que ainda havia elementos de reativação. Milhões de pessoas desfilaram em toda a China. Mas que o parêntese revolucionário se fechava pouco a pouco, isso se percebia pelo texto oficial publicado na ocasião – que alguns de nós leram na época e uns poucos conservaram e ainda podem reler, coisa que provavelmente se tornou muito difícil para um chinês... Trata-se do texto "Viva a vitória da ditadura do proletário! Em comemoração do centenário da Comuna de Paris".

Esse texto é absolutamente ambivalente.

Não há dúvida de que é digno de nota que ele tenha como epígrafe uma frase de Marx, escrita durante a própria Comuna: "Se a Comuna for derrotada, a luta será apenas adiada. Os princípios da Comuna são eternos e não podem ser destruídos; voltarão sempre à ordem do dia, enquanto a classe operária não tiver conquistado sua libertação".

Essa escolha confirma que, ainda em 1971, os chineses consideravam a Comuna não apenas um episódio glorioso (mas ultrapassado) da história das insurreições operárias, mas também uma exposição histórica de princípios que deviam ser reativados. Mas, por trás da frase de Marx, há outra frase, que poderia ser de Mao: "Se a Revolução Cultural fracassar, nem por isso seus princípios deixarão de estar na ordem do dia". Pela qual é estendido mais uma vez o fio que liga a Revolução Cultural mais à Comuna do que à Revolução de Outubro.

A atualidade da Comuna também é atestada pelo fato de que o conteúdo da celebração opõe os comunistas chineses aos dirigentes soviéticos. Por exemplo:

Enquanto o proletariado e todos os povos revolucionários do mundo celebram solenemente o centenário da Comuna de Paris, os renegados revisionistas soviéticos, disfarçados de sucessores da Comuna, sobem em cavaletes para contar lorotas a respeito de sua "*fidelidade aos princípios da Comuna*". *É realmente o cúmulo do descaramento. Com que direito os renegados revisionistas soviéticos falam da Comuna de Paris?*

E é no contexto dessa oposição ideológica entre marxismo revolucionário criador e estadismo retrógrado que o texto situa a contribuição de Mao – e em particular a Revolução Cultural – na continuação da Comuna:

As salvas da Grande Revolução Cultural Proletária, desencadeada e dirigida pelo presidente Mao em pessoa, destruíram o quartel-general da burguesia, cujo líder era Liu Shaoqi, esse renegado, agente do inimigo e traidor da classe operária, e interromperam o sonho de restauração do capitalismo na China, alimentado pelo imperialismo e pelo revisionismo moderno.

O presidente Mao fez um balanço completo da experiência histórica da ditadura do proletariado em seus aspectos tanto positivos quanto negativos, deu continuidade, salvaguardou e desenvolveu a teoria do marxismo-leninismo sobre a revolução proletária e a ditadura do proletariado, formulou a grande doutrina sobre a continuação da revolução sob a ditadura do proletariado.

A fórmula capital diz respeito à "continuação da revolução sob a ditadura do proletariado". Invocar a Comuna de Paris é compreender que a ditadura do proletariado não pode ser uma simples fórmula de Estado, e que o recurso à mobilização revolucionária das massas é necessário para levar adiante a marcha rumo ao comunismo. Em outras palavras, é preciso inventar, na experiência revolucionária continuada, que é sempre em parte uma decisão imprevisível e precária, as formas do Estado proletário, como fizeram, pela primeira vez na história, os operários parisienses de 18 de março de 1871. Aliás, os maoistas declararam desde o início que a Revolução Cultural era "a forma finalmente encontrada da ditadura do proletariado".

Contudo, a articulação da política e do Estado permanece inalterada em sua concepção geral. Assim, a tentativa de reativação revolucionária da Comuna de Paris permanece inserida no balanço anterior e, em particular, continua dominada pela figura tutelar do partido. É o que mostra claramente a passagem sobre as deficiências da Comuna:

> A causa essencial do fracasso da Comuna é que, dadas as condições da época, o marxismo ainda não havia garantido um lugar preponderante no movimento operário, e ainda não existia um partido revolucionário que tivesse o marxismo como ideologia diretiva [...].
> Além da excelente situação revolucionária das massas populares, é preciso ainda um sólido núcleo dirigente do proletariado, isto é, "um partido revolucionário estribado na teoria revolucionária marxista-leninista e no estilo revolucionário marxista-leninista".

A citação final sobre o partido, embora seja de Mao, poderia ser de Stalin, sem nenhuma alteração. Tanto é que, afinal, a visão maoista da Comuna, por mais ativa e militante que seja, permanece prisioneira do quadro do partido-Estado e, portanto, do que chamei de "primeiro balanço".

Ao fim desse percurso de interpretação clássica, e do que foi exceção dentro dele, podemos dizer que a *visibilidade* política da Comuna de Paris não tem nenhuma evidência hoje. Se "hoje" significa: no momento em que devemos responder ao desafio de ter de pensar a política fora de sua sujeição ao Estado e fora do quadro dos partidos, ou do partido.

E, no entanto, a Comuna foi uma sequência política que justamente não dispunha dessa sujeição ou desse quadro.

Portanto, o método é dar um passo para o lado, em relação à interpretação clássica, e abordar os fatos e as determinações políticas com um método totalmente diferente.

Preliminares: o que é a "esquerda"?

Para começar, devemos observar que, antes da Comuna, houve vários movimentos operários e populares mais ou menos armados na França, em dialética com a questão do poder de Estado. Podemos deixar de lado as terríveis jornadas de junho de 1848, quando ninguém pensava que a questão do poder estava colocada: os operários, encurralados, expulsos de Paris pelo fechamento das oficinas nacionais, lutaram em silêncio, sem rumo, sem perspectiva. Desespero, raiva, massacre. Mas houve as Três Gloriosas de julho de 1830 e a queda de Carlos X, fevereiro de 1848 e a queda de Luís Filipe, e, por último, 4 de setembro de 1870 e a queda de Napoleão III. Em quarenta anos, os jovens republicanos e os operários armados derrubaram duas monarquias e um império. É por isso que Marx, considerando a França "a terra clássica da luta das classes", escreveu as obras-primas que são *Lutas de classes na França*, O 18 de brumário de Luís Bonaparte*** e *A guerra civil na França*.

Tratando-se de 1830, 1848 e 1870, devemos identificar um traço comum fundamental, tanto mais fundamental na medida em que é ainda amplamente atual. O movimento de massa político é essencialmente proletário. Mas há *aceitação* do fato de que o saldo estatal desse movimento seja a subida ao poder de corjas de políticos, republicanos ou orleanistas. A defasagem entre política e Estado é tangível: a projeção parlamentar do movimento político atesta, na verdade, uma incapacidade política *quanto ao Estado*. Mas constatamos também que *essa incapacidade é vivida no médio prazo como um fracasso do movimento e não como a contrapartida de um desvio estrutural entre o Estado e a invenção política*. No fundo, a tese prevê subjetivamente, no movimento proletário, que existe, ou deve existir, continuidade entre o movimento de massa político e seu saldo estatal. Daí o tema recorrente da "traição" (os políticos que estão no poder traem o movimento político, mas em algum momento eles tiveram outra intenção ou outra *função*?). E, a cada vez, esse motivo desesperador da traição acarreta a liquidação do movimento político, muitas vezes por um longo período.

---

*   São Paulo, Boitempo, no prelo. (N. E.)
** São Paulo, Boitempo, 2011. (N. E.)

Ora, isso nos interessa profundamente. Devemos lembrar que o movimento popular ("Juntos!") de dezembro de 1995 e o movimento dos imigrantes ilegais de Saint-Bernard tiveram como saldo a eleição de Jospin, contra o qual não demoraram a soar os gritos – empiricamente justificados – de "traição". Em escala bem maior, Maio de 1968 e a sequência "esquerdista" esgotaram-se no alinhamento a Mitterrand antes de 1981. Mais longínquas, a novidade radical e a esperança política dos movimentos da Resistência entre 1940 e 1945 não tiveram muito peso, no momento da Libertação, diante do retorno ao poder dos velhos partidos, sob a guarida de De Gaulle.

Jospin, Mitterrand e semelhantes são os Jules Favre, os Jules Simon, os Jules Ferry, os Thiers e os Picard da nossa conjuntura. E ainda somos chamados a "reconstruir a esquerda"? Que deboche!

É verdade que, dessa permanente operação de adequação dos vigaristas parlamentares aos sobressaltos políticos de massa, a lembrança da Comuna revela também: o Muro dos Federados, parco símbolo dos mártires operários, não fica ao lado da avenida Gambetta, parlamentar de choque e fundador da Terceira República?

Mas a própria Comuna está em posição de exceção.

A Comuna é aquilo que rompe com o destino parlamentar dos movimentos políticos operários e populares pela primeira e, até hoje, única vez.

Na noite da resistência dos bairros, em 18 de março de 1871, quando a tropa se retirou sem conseguir recuperar os canhões, os rebeldes poderiam ter apelado para o retorno à ordem, negociado com o governo, tirado da cartola da História uma nova corja de oportunistas. Dessa vez, não houve nada disso.

Tudo se concentra na declaração do comitê central da guarda nacional, distribuída por toda a cidade em 19 de março: "Os proletários da capital, em meio à fraqueza e às traições das classes governantes, compreenderam que chegou a hora de salvar a situação, tomando em suas mãos a direção dos negócios públicos".

Dessa vez, dessa única vez, os proletários não entregaram seu destino nas mãos de políticos competentes. Dessa vez, dessa única vez, a traição foi invocada como um estado de coisas do qual eles deveriam se afastar, e não como uma consequência nefasta daquilo que eles escolheram. Dessa vez, dessa única vez, eles se propuseram tratar a situação apenas com recursos do movimento proletário. Existe aí, realmente, uma *declaração política*. A questão toda é pensar seu conteúdo. Mas, antes de tudo, uma definição estrutural essencial. Chamamos de "esquerda" o pessoal político parlamentar que se declara o único apto a levar adiante as consequências gerais de um movimento político popular singular. Ou, em termos mais contemporâneos, o único apto a fornecer aos "movimentos sociais" uma "saída política".

Agora a declaração de 19 de março de 1871 pode ser descrita de maneira precisa: *é uma declaração de ruptura com a esquerda*.

Evidentemente, foi isso que fez os *communards* pagarem com sangue. Em caso de movimento de grande amplitude, a "esquerda" é, ao menos desde 1830, o único recurso da ordem estabelecida. Em maio de 1968, o PCF, como Pompidou não demorou a entender, era o único apto a restabelecer a ordem nas fábricas. A Comuna é o exemplo único, nessa escala, de ruptura com a esquerda. O que, de passagem, esclarece sua virtude excepcional, seu alcance paradigmático – bem mais do que a Revolução de Outubro – para os revolucionários chineses entre 1965 e 1968 ou para os maoistas franceses entre 1966 e 1976: tratava-se na época de romper qualquer sujeição a esse emblema fundamental da "esquerda" que os partidos comunistas haviam se tornado, seja no poder, seja na oposição (em sentido profundo, porém, um "grande" partido comunista está *sempre* no poder).

É verdade que, depois de debelada, a Comuna foi absorvida pela "memória" da esquerda. A mediação dessa incorporação paradoxal foi a luta parlamentar pela anistia dos *communards* exilados ou ainda presos. Luta pela qual a esquerda esperava consolidar sem riscos seu poder eleitoral. Depois veio a época das comemorações, sobre a qual eu já disse algumas palavras.

Hoje, a Comuna deve ser devolvida à sua visibilidade política por sua desincorporação: ela, que foi feita da ruptura com a esquerda, deve ser extraída de toda a hermenêutica de esquerda que a oprimiu durante tanto tempo.

Devemos aproveitar que a esquerda, cuja baixeza é constitutiva, caiu tão baixo que nem finge mais que se recorda da Comuna. Contudo, a operação não é simples. Exige que me concedam, pacientemente, a introdução de certos operadores e um novo recorte dos acontecimentos.

Ontologia da Comuna

A Comuna é um sítio

Consideremos uma situação qualquer. Um múltiplo que pertence a essa situação é um sítio, quando acontece de ele fazer parte do campo referencial de seu próprio aparecimento. Ou ainda, um sítio é um múltiplo ao qual acontece de se compor na situação, tanto em relação a si mesmo quanto em relação a seus elementos, de modo que ele é o suporte de ser de seu próprio aparecimento.

Embora a ideia ainda seja obscura, é possível ver o conteúdo: um sítio é uma singularidade, porque convoca seu ser no aparecer de sua própria composição múltipla. Ele se faz, no mundo, o ser-aqui de seu ser. Entre outras consequências, o sítio *dota-se* de uma intensidade de existência. Um sítio é um ser ao qual acontece de existir por si mesmo.

A questão toda é que 18 de março de 1871 é um sítio.

Vamos retomar – apesar do risco de nos repetir, mas com o objetivo de uma construção singular – todos os termos da situação "Paris no fim da guerra franco-prussiana de 1870". Estamos em março de 1871. Após um simulacro de resistência, atormentados pelo temor da Paris operária e revolucionária, os burgueses "republicanos" do governo provisório capitularam diante dos prussianos de Bismarck. Para consolidar essa "vitória" política, comparável à desforra reacionária de Pétain em 1940 (é preferível entrar em acordo com o inimigo externo a se expor ao inimigo interno), eles fizeram com que o assustado mundo rural elegesse uma assembleia de maioria monárquica, cuja sede era em Bordeaux.

O governo, dirigido por Thiers, planeja se aproveitar das circunstâncias para reduzir a nada a capacidade política operária. Do lado parisiense, o proletariado está armado, porque foi mobilizado, durante o cerco de Paris, na forma de uma guarda nacional. Em teoria, dispõe de centenas de canhões. O organismo "militar" dos parisienses é o comitê central, em que se reúnem os delegados dos diferentes batalhões da guarda nacional, eles mesmos ligados aos grandes bairros populares de Paris, Montmartre, Belleville etc.

Temos, portanto, um mundo dividido, cuja organização lógica – o que no jargão filosófico podemos chamar de organização transcendental – concede as intensidades de existência política segundo dois critérios antagonistas. No que diz respeito às disposições legais, eleitorais, representativas, podemos constatar apenas a proeminência da assembleia dos camponeses legitimistas, do governo capitulacionista de Thiers e dos oficiais do Exército regular, que, depois de levar uma sova dos soldados prussianos sem precisar insistir, sonham em passar às vias de fato com os operários parisienses. Esse é o poder, ainda mais que é o único reconhecido pelo ocupante. Do lado da resistência, da invenção política, da história revolucionária francesa, há a fecunda desordem das organizações operárias parisienses, em que se misturam o comitê central dos vinte distritos da cidade, a Federação das Câmaras Sindicais, os poucos membros da Internacional, os comitês militares locais... Na verdade, a consistência histórica desse mundo, dividido e dissociado pelas consequências da guerra, repousa sobre a convicção majoritária da inexistência de uma capacidade governamental operária. Para a esmagadora maioria, inclusive para eles próprios muitas vezes, os operários politizados de Paris são incompreensíveis. Eles são o inexistente próprio do termo "capacidade política", no mundo incerto daquela primavera de 1871. Para os burgueses, eles ainda existem demais, ao menos fisicamente. A Bolsa de Paris assedia o governo quanto ao tema: "Vocês nunca farão operações financeiras, se não acabarem com os facínoras". E, para começar, um imperativo aparentemente fácil de sustentar: o desarmamento dos operários, em particular a recuperação dos canhões, que os comitês militares da guarda nacional espalharam pela Paris popular. Foi essa iniciativa que transformou o termo "18 de março" (um dia), tal como exposto na situação "Paris na primavera de 1871", em um sítio. Ou seja, aquilo que *expõe a si mesmo* no aparecer de uma situação.

O 18 de março é exatamente o primeiro dia desse evento que chamamos (que denominou a si mesmo) Comuna de Paris, isto é, o exercício do poder em Paris por militantes políticos republicanos ou socialistas e organizações operárias armadas, entre 18 de março e 28 de maio de 1871. Sequência que se fecha com o massacre de milhares de "rebeldes" pelas tropas do governo de Thiers e da assembleia reacionária.

O que é exatamente, como conteúdo manifesto, esse início, esse 18 de março? Respondemos: o aparecimento do ser operário – até então sintoma social, força bruta dos levantes ou ameaça teórica – no espaço da capacidade política e governamental.

O que aconteceu? Thiers ordenou ao general Aurelle de Paladines que tomasse os canhões da guarda nacional. A ação foi realizada por volta das três horas da manhã, por uns poucos destacamentos selecionados. Sucesso total, aparentemente. O povo lê nos muros a proclamação de Thiers e dos ministros, portadora dos paradoxos de uma avaliação transcendental cindida: "Que os bons cidadãos se separem dos maus, que eles ajudem a força pública". No entanto, às onze horas da manhã, a ação fracassa completamente. Centenas de mulheres do povo, seguidas de operários anônimos e guardas nacionais que agiam por sua própria conta, cercam os soldados. Muitos confraternizam. Os canhões são tomados de volta. O general Aurelle de Paladines entra em pânico. Está em questão o grande perigo vermelho: "O governo convoca-os a defender seus lares, suas famílias, suas propriedades. Uns poucos homens desencaminhados, que obedecem apenas a líderes ocultos, apontam contra Paris os canhões que foram confiscados dos prussianos". Segundo ele, trata-se "de acabar com um comitê insurrecional, cujos membros representam apenas as doutrinas comunistas e exporiam Paris à pilhagem e a França ao túmulo". Trabalho perdido. Ainda que não tenha uma verdadeira direção, a rebelião cresce, ocupa toda a cidade. As organizações operárias armadas tomam as casernas, os prédios públicos e, por fim, a prefeitura de Paris, que, sob a bandeira vermelha, foi o lugar e o símbolo do novo poder. Thiers foge por uma escada secreta, o ministro Jules Favre pula por uma janela, todo o aparelho governamental some e instala-se em Versalhes. Paris fica entregue à insurreição.

O 18 de março é um sítio no sentido em que, além de tudo que aparece nele sob o evasivo transcendental do mundo "Paris na primavera de 1871", ele mesmo aparece, como início fulminante e totalmente imprevisível de uma ruptura (ainda sem conceito, é verdade) com aquilo mesmo que determina seu surgimento. Devemos notar que "O 18 de março" é o título de um dos capítulos da magnífica *Histoire de la Commune de 1871*, publicada em 1876 pelo militante Lissagaray. Esse capítulo trata, evidentemente, das "mulheres do 18 de março", do "povo do 18 de março", atestando com isso a inclusão de "18 de março", agora um predicado, na avaliação daquilo que resulta das diferentes peripécias que compõem esse dia. Lissagaray vê claramente que, pelos acasos do 18 de março, opera-se, sob o impulso do ser, uma inversão imanente das leis do aparecer. Na verdade, do fato de que o povo operário de Paris, superando a dispersão de seu quadro político, tenha impedido um ato governamental preciso e executado à viva força (a tomada dos canhões) resulta afinal a obrigação de que apareça uma capacidade desconhecida, um poder sem precedentes. É por isso que o "18 de março" vem a aparecer, sob a injunção do ser, como elemento da situação que é.

De fato, do ponto de vista do aparecer estabelecido, pura e simplesmente não existe a possibilidade de um poder governamental operário e popular. Nem mesmo para os militantes operários, que falam o jargão da "República" de maneira indistinta. Na noite do 18 de março, os membros do comitê central da guarda nacional, única autoridade efetiva da cidade abandonada por seus tutores legais, continuam convencidos em sua maioria de que não devem se reunir na prefeitura de Paris, insistem que "não possuem mandato de governo". O que significa, de acordo com nosso conceito de "esquerda", que eles relutam em romper com ela. É com a faca das circunstâncias no peito que eles acabam decidindo "realizar eleições, prover os serviços públicos, preservar a cidade de uma surpresa", como lhes ditou Édouard Moreau, um ilustre desconhecido, na manhã de 19 de março. Pelo que, *volens nolens*, eles se constituem diretamente, contra qualquer fidelidade à esquerda parlamentar, em autoridade política. Com isso, incluem o 18 de março como início dessa autoridade, nos efeitos do 18 de março.

Portanto, é preciso compreender que o 18 de março é um sítio porque ele se impõe a todos os elementos que concorrem para sua própria existência, como que apelando "pela força", contra o fundo indistinto do ser operário, para uma nova avaliação transcendental de sua intensidade. O sítio "18 de março", pensado como tal, é subversão das regras do aparecer político (da lógica de poder) por seu próprio suporte ativo, esse "18 de março" empírico em que é distribuída a impossível possibilidade da existência operária.

Lógica da Comuna

A Comuna é uma singularidade

Quanto ao pensamento de seu ser puro, um sítio é simplesmente um múltiplo ao qual acontece de ser elemento de si mesmo. É o que acabamos de ilustrar com o exemplo do 18 de março, complexo conjunto de peripécias do qual resulta que "18 de março" é instituído, no objeto "18 de março", como exigência de um aparecer político novo, forçando uma avaliação transcendental inédita da cena política.

Contudo, o sítio deve ser pensado não só na particularidade ontológica que acabo de reconhecer nele, mas também no desdobramento lógico de suas consequências.

De fato, o sítio é uma figura do instante. Aparece apenas para desaparecer. A duração verdadeira, o tempo que ele inicia, ou funda, só pode ser aquele de suas consequências. O entusiasmo do 18 de março de 1871 funda o primeiro poder operário da História, mas em 10 de maio, quando o comitê central proclama que, para salvar "essa revolução do 18 de março que ele fez tão linda", ele vai "acabar com as desavenças, vencer o mau querer, cessar as competições, a ignorância e a incapacidade", esse desespero fanfarrão trata daquilo que há dois meses aparece na cidade em termos de distribuição, ou envolvimento, das intensidades políticas.

A Comuna de Paris: uma declaração política sobre a política • 119

Dito isso, o que é uma consequência? Esse ponto é fundamental para toda a teoria do aparecer histórico de uma política. Mas é claro que dispenso os detalhes técnicos dessa teoria. O mais simples é fixar o valor da relação de consequência entre dois termos de uma situação pela mediação de seu grau de existência. Se o elemento a de uma situação é tal que a existência de a vale p, e se o elemento b da mesma situação existe em grau q, presumimos que b é consequência de a na exata medida daquilo que vale a subordinação dessas intensidades ou, se preferirmos, sua ordem. Se, por exemplo, na escala de medida das intensidades de existência própria da situação considerada, q é muito inferior a p, validaremos em consequência a subordinação de b a a.

Podemos dizer o seguinte então: a consequência é uma relação, forte ou fraca, entre existências. Portanto, o grau segundo o qual uma coisa é consequência de outra nunca é independente da intensidade de existência dessas coisas na situação considerada. Assim, a declaração do comitê central da qual falamos acima, a de 10 de maio de 1871, pode ser lida como uma tese sobre as consequências. Ela registra:

– a fortíssima intensidade de existência do dia 18 de março de 1871, essa revolução "tão linda";

– implicitamente, o desastroso grau de existência da disciplina política no campo operário, dois meses depois ("mau querer", "desânimo", "ignorância", "incapacidade");

– o desejo, infelizmente abstrato, de ressaltar o valor das consequências da política em curso com relação à força de existência de sua origem desaparecida.

O sítio é o aparecer/desaparecer de um múltiplo cujo paradoxo é o autopertencimento. A lógica do sítio concerne à distribuição das intensidades em torno desse ponto desaparecido que é o sítio. Devemos começar do começo, portanto: qual é o valor de existência do próprio sítio? Continuaremos em seguida por aquilo que se deduz dele quanto às consequências.

Nada, na ontologia do sítio, prescreve seu valor de existência. Um surgimento pode ser apenas um aparecer local pouco "perceptível" (pura imagem, porque não há nenhuma percepção aqui). Ou ainda, um desaparecer pode não deixar nenhum vestígio. Contudo, pode muito bem acontecer de um sítio, ontologicamente afetado pelos estigmas da "verdadeira" mudança (autopertencimento e desaparecimento naquele momento), ser muito pouco diferente de uma simples continuação da situação, por sua insignificância existencial.

Por exemplo, na terça-feira, 23 de maio de 1871, enquanto toda Paris está nas mãos da soldadesca versalhesa, que fuzila operários aos milhares em todas as escadas da cidade, enquanto não resta nenhuma direção política e militar do lado dos *communards*, que lutam barricada por barricada, os escombros do comitê central fazem sua última proclamação, que é colada às pressas em alguns muros e, como diz Lissagaray com melancólica ironia, é uma "proclamação de vencedores". Eles exigem a dissolução conjunta da Assembleia (legal) de Versalhes e da Comuna, a retirada do Exército de Paris, um governo provisório entregue aos delegados das grandes cidades e uma anistia recíproca. Como qualificar esse triste "manifesto"? Por sua incongruência, ele não poderia se restringir à normalidade da situação. Ele exprime, ainda que em farrapos, ou por escárnio, a certeza de si mesma da Comuna, a convicção correta no ponto em que ela está de conter um início político. É legítimo para um elemento do sítio ter esse papel, que o vento das casernas jogará nas masmorras. Contudo, no selvagem crepúsculo da insurreição operária, seu valor de existência é muito fraco. O que está em questão aqui é a força singular do sítio. O manifesto do comitê central está ontologicamente situado naquilo que mantém unido o sintagma eventivo "Comuna de Paris", mas, sendo em si mesmo apenas um sinal de decomposição, de impotência, ele reconduz a singularidade para as margens da pura e simples composição da situação, ou de seu desenvolvimento mecânico, sem criação verdadeira.

Sobre esse ponto, devemos citar a terrível passagem que Julien Gracq dedica aos últimos momentos da Comuna em *Lettrines* [Letrinas]. Em 1981, incluí esse texto no prefácio de *Para uma nova teoria do sujeito** para indicar que todo meu esforço filosófico procurava contribuir, ainda que parcamente, para que nós, herdeiros políticos da Revolução Cultural e de Maio de 1968, nunca nos tornássemos "vendedores de cupons de arenque".

Gracq estava relendo *L'insurgé* [O insurreto], terceiro volume da autobiografia de Jules Vallès, um dirigente *communard*. Eis um fragmento de seu comentário:

> Marx foi indulgente com o estado-maior da Comuna, do qual ele viu perfeitamente a insuficiência. A revolução também tem seus Trochu e seus Gamelin. A franqueza de Vallès consterna, e faria sentir aversão por esse estado-maior proclamacionário, esses revolucionários vendedores de vinho em cuja passagem cuspiam os embarricados de Belleville nos últimos dias da semana sangrenta. Não existe desculpa para travar o bom combate quando ele é travado de maneira tão leviana. Sobe uma espécie de náusea atroz após a mascarada ubuesca e patética das últimas páginas, em que o infeliz delegado da Comuna, com o lenço que ele não se atreve mais a mostrar amarrado em volta do braço metido num jornal, espécie de irresponsável de bairro, de Carlitos incendiário saltitando entre estilhaços de granadas, erra como um cão perdido de barricada em barricada, inapto para o que quer que seja, maltratado pelos revoltosos que arreganham os dentes, distribuindo ao acaso cupons de arenque, cupons de cartuchos e cupons de incêndio, e implorando à multidão rabugenta, que o cerca de muito perto, furiosamente sacudida no sarilho que a meteram – lastimosamente, lamentavelmente: "Me deixem sozinho, por favor. Preciso pensar sozinho". Em seu exílio de corajoso irresponsável, ele teve algumas vezes de se levantar à noite e ouvir mais uma vez essas vozes meio sérias, apesar de tudo, de pessoas cuja pele seria perfurada em alguns minutos e que gritavam furiosamente para ele da barricada: "Cadê as ordens? Cadê o plano?".

Para que não houvesse esse tipo de desastre, seria necessário que a força de existência no aparecer do sítio compensasse seu esvaecimento. Um sítio cujo valor é máximo tem apenas potencial de even-

---

* Rio de Janeiro, Relume Dumará, 1994. (N. E.)

to. Esse foi certamente o caso, em 18 de março de 1871, quando o povo operário de Paris, com as mulheres à frente, impediu que o Exército desarmasse a guarda nacional. Não é mais o caso no que diz respeito à direção política da Comuna a partir do fim de abril. Denominaremos *fato* um sítio cuja intensidade de existência não é máxima. Denominaremos *singularidade* um sítio cuja intensidade de existência é máxima.

Devemos observar que a força repressiva dos versalheses é acompanhada de uma propaganda que dessingulariza sistematicamente a Comuna, apresentando-a como um conjunto monstruoso de fatos, os quais devem entrar (à força) na ordem normal das coisas. Daí os enunciados extraordinários, como em 21 de maio de 1871, em pleno massacre de operários, no jornal conservador *Le Siècle*: "A dificuldade social está resolvida ou prestes a se resolver". Não poderíamos dizer melhor. É verdade que, em 21 de março, três dias depois da insurreição, Jules Favre declarou que Paris estava nas mãos de um "punhado de facínoras, que punha acima dos direitos da Assembleia não sei que ideal sangrento e rapinador". No aparecer de uma situação, as escolhas estratégicas e táticas movem-se entre o fato e a singularidade, porque sempre se trata de se reportar a uma ordem lógica das circunstâncias.

Se acontece a um mundo de ser finalmente situado – pelo fato de que um sítio advém nele – e colocar-se entre a singularidade e o fato, então é à rede das consequências que compete decidir.

O 18 de março e suas consequências

A singularidade se afasta mais da simples continuidade do que o fato, porque uma intensidade de existência máxima prende-se a ela. Se devemos distinguir agora entre singularidades fracas e fortes, devemos fazê-lo em relação aos vínculos de consequência que o sítio esvaecido tece com os outros elementos da situação que o apresentou no mundo.

Para não nos prolongar, diremos que *existir* maximamente durante o tempo de seu aparecimento/desaparecimento dá ao sítio a força de uma singularidade. Mas toda a força dessa singularidade é *fazer existir* maximamente. Reservaremos a denominação de evento a uma singularidade forte.

Um pouco de didática sobre a distinção predicativa força/fraqueza aplicada às singularidades (aos sítios cuja intensidade transcendental de existência é máxima). É evidente que, no domínio do trabalho do aparecer por uma verdade, a Comuna de Paris, apesar de sufocada em sangue em dois meses, é muito mais importante do que o 4 de setembro de 1870, quando cai o regime político do Segundo Império e começa a Terceira República – que durou setenta anos. Ora, isso não dependeu dos atores: o 4 de setembro era também o povo operário que, sob as bandeiras vermelhas, invadiu a prefeitura de Paris e provocou a debandada dos oficiais, tão bem narrada por Lissagaray:

> Grandes dignitários, altos funcionários, ferozes mamelucos, imperiosos ministros, camareiros solenes, generais bigodudos esquivaram-se lastimosamente em 4 de setembro, como um bando de canastrões vaiados.

De um lado, uma insurreição que não inicia uma duração; de outro, um dia que muda o Estado. Mas o 4 de setembro foi confiscado pelos políticos burgueses, preocupados sobretudo em restabelecer a ordem dos proprietários. Enquanto a Comuna, referente ideal de Lenin, inspirou um século de pensamento revolucionário e mereceu a famosa avaliação que Marx propôs naquele momento, antes mesmo de seu fim sangrento:

> A Comuna foi [...] o início da Revolução Social do século XIX. Portanto, seja qual for seu destino em Paris, ela fará *le tour du monde* [a volta ao mundo]. Ela foi imediatamente aclamada pela classe trabalhadora da Europa e dos Estados Unidos como uma palavra mágica de libertação.*

Suponhamos que o 4 de setembro de 1870, alinhado com o devir geral dos Estados europeus, que os faz convergir para a forma par-

---

* Karl Marx, *A guerra civil na França*, cit., p. 127-8. (N. E.)

lamentar, seja uma singularidade fraca. E que a Comuna, propondo ao pensamento uma regra de emancipação, sucedida – talvez em contravertente – por Outubro de 1917, ou mais precisamente pelo verão de 1967 na China ou por Maio de 1968 na França, seja uma singularidade forte. Porque não é apenas a intensidade excepcional de seu aparecimento que importa (o fato de que se trata de um episódio violento e criador do aparecer), mas o que esse aparecimento, embora esvaecido, coloca, no tempo, como gloriosas e incertas consequências. Os começos são medidos por aquilo que eles autorizam como recomeços.

É pelo que se prolonga dela na concentração – fora dela mesma – de sua intensidade, que se pode julgar se uma adjunção aleatória no mundo merece ser mantida não só, afora as continuações e os fatos, no caso de uma singularidade, mas sobretudo no caso de um evento.

A Comuna é um evento

Tudo depende das consequências, portanto. Mas devemos observar o seguinte: não há consequência transcendental maior do que fazer aparecer num mundo o que não existia nele. Assim foi o 18 de março de 1871, que pôs no centro da tempestade política uma coleção de operários desconhecidos, desconhecidos até mesmo dos especialistas da revolução, aqueles velhos sobreviventes da revolução de 1848 que, infelizmente, atravancaram a Comuna com sua ineficiente logomaquia. Vamos voltar ao 19 de março, à primeira proclamação do comitê central, único organismo diretamente responsável pela insurreição do 18 de março: "Que Paris e a França lancem juntas as bases de uma República aclamada com todas as suas consequências, o único governo que terminará para sempre a era das invasões e das guerras civis". Quem assina essa decisão política sem precedentes? Vinte pessoas, das quais três quartos são proletários que apenas as circunstâncias constituem e identificam. O governamental *L'Officiel* tinha razão em perguntar: "Quem são os membros desse comitê? São comunistas, bonapartistas ou prussianos?". Já se impunha o tema contumaz dos "agentes do estrangeiro". Na realidade, o evento tem como consequência levar a uma existência política, provisoriamente máxima, os operários inexistentes de um dia antes.

Portanto, reconhecemos a singularidade forte pelo fato de que ela tem como consequência na situação fazer o inexistente existir.

De modo mais abstrato, consideremos a seguinte definição: dado um sítio (um múltiplo afetado de autopertencimento) que é uma singularidade (sua intensidade de existência, por mais instantânea e evanescente que seja, é máxima), dizemos que esse sítio é uma singularidade forte, ou um evento, se uma consequência da intensidade (máxima) do sítio é que alguma coisa cujo valor de existência é nulo na situação adquire valor de existência positivo.

Portanto, podemos dizer apenas o seguinte: um evento tem como consequência maximamente verdadeira de sua intensidade (máxima) de existência a existência de um inexistente.

É claro que existe um violento paradoxo nisso. Porque, se uma implicação é maximamente verdadeira, e se seu antecedente também é, seu consequente também deve ser. Chegamos, portanto, à conclusão insustentável de que, sob o efeito de um evento, o inexistente do sítio existe absolutamente.

E, de fato, os desconhecidos do comitê central, politicamente inexistentes no mundo de um dia antes, existem absolutamente no dia de seu aparecimento. O povo de Paris obedece a suas proclamações, anima-os a ocupar os prédios públicos, rende-se às eleições organizadas por eles.

O paradoxo pode ser analisado em três momentos.

Em primeiro lugar, o princípio dessa inversão da inexistência à existência absoluta no aparecer mundano é um princípio evanescente. O evento consome sua força nessa transfiguração existencial. O 18 de março de 1871 não tem, como multiplicidade eventiva, a mínima estabilidade.

Em segundo lugar, se o inexistente do sítio deve adquirir por fim, na ordem do aparecer, a intensidade máxima, é apenas na medida em que ele se coloca dali em diante no lugar daquilo que desapareceu; sua maximalidade é a marca subsistente no mundo do próprio evento. A existência "eterna" do inexistente é o traçado, ou o enunciado, no mundo do evento desaparecido. As proclamações da Comuna, primeiro poder operário da História universal, compõem um existente histórico, cuja absolutez indica que chegou ao mundo uma disposição totalmente nova de seu aparecer, uma mutação de sua lógica. A existência do inexistente é aquilo por que, no aparecer, sua subversão pelo ser subjacente se manifesta. Essa é a marca lógica de um paradoxo do ser. Uma quimera onto-lógica.

A destruição

Enfim, o inexistente deve retornar para onde está agora a existência. A ordem mundana não é subvertida a ponto de poder exigir que uma lei lógica das situações seja abolida. Toda situação tem ao menos um inexistente próprio. E se ele vem a se sublimar na existência absoluta, outro elemento do sítio deve deixar de existir, para que a lei seja resguardada e a coerência do aparecer seja preservada.

Em 1896, acrescentando uma conclusão a sua *Histoire de la Commune de 1871* [História da Comuna de 1871], Lissagaray faz duas observações. A primeira é que a tropa dos reacionários e dos assassinos de operários de 1871 continua viva. Com a ajuda do parlamentarismo, ela até cresceu com "alguns pífios burgueses que, mascarados de democratas, facilitam as aproximações". A segunda é que o povo constituiu sua própria força: "Três vezes [em 1792, 1848 e 1870], o proletariado francês fez a República para os outros; ele está maduro para a sua". Em outras palavras, o evento Comuna, iniciado em 18 de março de 1871, não teve como consequência a destruição do grupo dominante e de seus políticos, mas destruiu algo mais importante: a subordinação política operária e popular. O que foi destruído é do domínio da incapacidade subjetiva: "Ah, não são inseguros de sua capacidade os trabalhadores dos campos e das cidades", exclama Lissagaray. A absolutização da existência política operária (a existência do inexistente), convulsiva e sufocada, ainda assim destruiu a necessidade de uma forma essencial de sujeição: a do possível político proletário à manobra política burguesa (de esquerda). A Comuna, como todo verdadeiro evento, não *rea*-

lizou um possível, mas *criou* esse possível. E esse possível é simplesmente um *político* proletário independente.

O fato de que a sujeição desse possível à esquerda tenha sido reconstituída, ou melhor, reinventada um século depois com o mesmo nome de "democracia" é outra história, outra sequência da atormentada história das verdades. Ainda assim, ali onde havia um inexistente veio a destruição daquilo que legitimava essa inexistência. Aquilo que, no início do século XX, ocupa o lugar do morto não é mais a consciência política operária, mas – embora o século ainda não saiba – o preconceito contra o caráter natural das classes e contra a vocação milenar dos proprietários e dos ricos de deter o poder estatal e social. É essa destruição que a Comuna de Paris consuma para o futuro, até na morte aparente de sua própria superexistência.

Temos aqui uma máxima transcendental: se o que não vale nada vem, sob a espécie de uma consequência eventiva, a valer tudo, então um dado estabelecido do aparecer é destruído. O que parecia sustentar a coesão do mundo é acometido de nulidade; de modo que, se a indexação transcendental dos sendos é realmente a base (lógica) do mundo, é com todo o direito que se deve dizer: "O mundo vai mudar de base".

Quando o mundo se encanta violentamente com as consequências absolutas de um paradoxo do ser, todo o aparecer, ameaçado pela destruição local de uma avaliação consuetudinária, deve reconstituir uma distribuição diferente daquilo que existe e daquilo que não existe.

Sob o impulso que o ser exerce sobre seu próprio aparecer, a um mundo só pode suceder a chance – existência e destruição misturadas – de um outro mundo.

Para concluir

Acredito que, na Comuna, esse outro mundo reside, para nós, absolutamente em outro lugar que em sua existência subsequente, que chamarei de sua *primeira* existência. Consideremos o partido--Estado e seu referente social operário. Ele existe na constatação de que uma ruptura política é sempre a combinação de uma capacidade subjetiva com a organização, inteiramente independente do Estado, das consequências dessa capacidade. Também é um ponto importante sustentar que essa ruptura é sempre ruptura com a esquerda, no sentido formal que dei a esse termo. Hoje, isso também significa ruptura com a forma representativa da política ou, se quisermos ir mais longe na provocação legítima, ruptura com a "democracia".

O fato de que as consequências de uma capacidade política sejam obrigatoriamente do domínio do poder e da gestão estatal pertence ao primeiro balanço da Comuna, e não ao que nos interessa. Nosso problema é voltar, aquém desse primeiro balanço ou, se preferirmos, de Lenin, a isto (que estava vivo na Comuna, apesar de derrotado): uma política aparece quando uma *declaração* é também e ao mesmo tempo *decisão quanto às consequências*. E, portanto, quando uma declaração está ativa na forma de uma disciplina coletiva anteriormente desconhecida. Porque não devemos nunca nos esquecer de que aqueles que não são nada só podem manter a aposta das consequências de seu aparecimento no elemento de uma disciplina nova – que é uma disciplina prática do pensamento. Não há dúvida de que o partido, na acepção de Lenin, representou a criação dessa disciplina, mas em sua subordinação final às exigências do Estado. A tarefa do dia é defender a criação de uma disciplina livre do domínio do Estado, de uma disciplina que seja política *de parte a parte*.

IV
A IDEIA DO COMUNISMO

Meu objetivo hoje é descrever uma operação intelectual à qual darei o nome de Ideia do comunismo – por razões que, espero, serão convincentes. O momento mais delicado dessa construção é provavelmente o mais geral, aquele em que se trata de dizer o que é uma Ideia, não só em relação às verdades políticas (e, nesse caso, a Ideia é a do comunismo), mas também em relação a uma verdade qualquer (e, nesse caso, a Ideia é uma retomada contemporânea do que Platão tenta nos transmitir com o nome de *eidos*, ou *idéa*, ou, mais precisamente, de Ideia do Bem). Deixarei implícita boa parte dessa generalidade[1] para ser tão claro quanto possível naquilo que diz respeito à Ideia do comunismo.

---

[1] O motivo da Ideia aparece aos poucos em minha obra. Já está presente talvez no fim dos anos 1980, quando em *Manifesto pela filosofia* [Rio de Janeiro, Aoutra, 1991] chamo minha empreitada de "platonismo do múltiplo", o que torna necessário retomar a reflexão sobre o que é uma Ideia. Essa reflexão adquire, em *Logiques des mondes*, uma forma imperativa: a "verdadeira vida" é pensada como vida segundo a Ideia, contra a máxima materialista democrática contemporânea que manda que se viva sem Ideia. Examino mais de perto a lógica da Ideia em *Second manifeste pour la philosophie* [ed. arg.: *Segundo manifiesto por la filosofía*, Buenos Aires, Manantial, 2010], em que introduzo a noção de ideação e, portanto, o valor operatório ou ativo da Ideia. Tudo isso é sustentado por um engajamento multiforme por parte de um renascimento do uso de Platão. Devo citar: meu seminário, que há dois anos intitula-se "Para hoje: Platão!"; o projeto de um filme ("La vie de Platon"); e a tradução integral (que chamo de "hipertradução") de *A República*, rebatizada de "Do comun(ismo)" e dividida em nove capítulos, que espero terminar e publicar em 2010.

A operação "Ideia do comunismo" exige três componentes primitivos: um componente político, um componente histórico e um componente subjetivo. Em primeiro lugar, o componente político. Trata-se daquilo que chamo de verdade, verdade política. A propósito da análise que faço da Revolução Cultural (uma verdade política como nunca houve), um comentarista do jornal britânico *The Observer* achou que poderia dizer, apenas pela constatação da minha relação positiva com esse episódio da história chinesa (que, naturalmente, para ele é um sinistro caos assassino), que se felicitava pelo fato de que a tradição empirista inglesa tivesse "vacinado [os leitores do *Observer*] contra qualquer complacência com o despotismo da ideocracia". Em suma, ele se felicitava pelo fato de que, hoje, o imperativo dominante no mundo é "viva sem Ideia". Para agradar a esse comentarista, começo dizendo que é possível descrever uma verdade política de maneira puramente empírica: é uma sequência concreta e datada em que surgem, existem e desaparecem uma prática nova e um pensamento novo a respeito da emancipação coletiva[2]. Até podemos dar alguns exemplos: a Revolução Francesa entre 1792 e 1794; a guerra popular na China entre 1927 e 1949; o bolchevismo na Rússia entre 1902 e 1917; e – infelizmente para o *Observer*, mas ele também não deve ter gostado muito dos outros exemplos – a Grande Revolução Cultural Proletária, ao menos entre 1965 e 1968. Isso dito, formalmente, isto é, filosoficamente, falamos aqui de um processo de verdade, no sentido que dou ao

---

[2] A existência rara da política, na forma de sequências destinadas a uma cessação imanente, é enunciada de maneira cabal por Sylvain Lazarus em seu livro *Anthropologie du nom* [Antropologia do nome]. Ele chama essas sequências de "modos históricos da política", definidos por um tipo de relação entre uma política e seu pensamento. Aparentemente, minha elaboração filosófica daquilo que seria um processo de verdade é muito diferente (os conceitos de evento e genericidade estão totalmente ausentes do pensamento de Lazarus). No entanto, em *Logiques des mondes*, eu explico por que minha empreitada filosófica é compatível com a de Lazarus, que propõe um pensamento da política feito do ponto de vista da própria política. Devemos observar que, também para ele, evidentemente, a questão da datação dos modos é muito importante.

termo desde *O ser e o evento**. Voltarei a ele mais adiante. Devemos observar de imediato que todo processo de verdade determina um Sujeito dessa verdade, um Sujeito que, mesmo empiricamente, não é redutível a um indivíduo.

Em segundo lugar, o componente histórico. A datação mostra que o processo de verdade insere-se no devir geral da humanidade, sob uma forma local, cujos suportes são espaciais, temporais e antropológicos. Os epítetos, como "francês" ou "chinês", são os índices empíricos dessa localização. Eles esclarecem que Sylvain Lazarus (ver nota anterior) fala de "modos históricos da política" e não simplesmente de "modos". Há, de fato, uma dimensão histórica de uma verdade, ainda que, em última instância, ela seja universal (no sentido que dou à palavra em minha *Ética***, por exemplo, ou em meu *São Paulo: a fundação do universalismo****) ou eterna (como prefiro dizer em *Logiques des mondes* ou em *Second manifeste pour la philosophie*). Veremos, em particular, que, no interior de determinado tipo de verdade (política, mas também amorosa, artística ou científica), a marca histórica inclui relações entre verdades diferentes e, portanto, situadas em pontos diferentes do tempo humano geral. Existem, em particular, efeitos retroativos de uma verdade sobre outras verdades criadas antes dela. Tudo isso exige uma disponibilidade transtemporal das verdades.

Por último, o componente subjetivo. Trata-se da possibilidade de um indivíduo, definido como simples animal humano, e claramente distinto de qualquer Sujeito, de decidir[3] se tornar parte de um processo de verdade política. Tornar-se, para não nos prolongar, um militante dessa verdade. Em *Logiques des mondes*, e mais simplesmente em *Second manifeste pour la philosophie*, descrevo essa

---

* Rio de Janeiro, Zahar/ UFRJ, 1996. (N. E.)
** Rio de Janeiro, Relume-Dumara, 1995. (N. E.)
*** São Paulo, Boitempo, 2009. (N. E.)
[3] Esse aspecto de decisão, escolha, vontade (*the Will*), em que a Ideia envolve um engajamento individual, está cada vez mais presente nos trabalhos de Peter Hallward. É característico que, com isso, a referência às revoluções francesa e haitiana, nas quais essas categorias são mais visíveis, permeie todos esses trabalhos.

decisão como uma incorporação: o corpo individual e tudo que ele carrega com ele em termos de pensamentos, afetos, potencialidades ativas etc. tornam-se um dos elementos de outro corpo, o corpo de verdade, existência material num mundo determinado de uma verdade em devir. É o momento em que um indivíduo afirma que pode superar os limites (do egoísmo, da rivalidade, da finitude...) impostos pela individualidade (ou animalidade, o que dá no mesmo). Ele pode fazer isso desde que, permanecendo o indivíduo que é, também se torne, por incorporação, parte ativa de um novo Sujeito. Chamo essa decisão, essa vontade, de subjetivação[4]. De modo mais geral, uma subjetivação é sempre o movimento pelo qual um indivíduo fixa o lugar de uma verdade em relação a sua própria existência vital e ao mundo em que essa existência se manifesta.

Denomino "Ideia" uma totalização abstrata dos três elementos primitivos: um processo de verdade, um pertencimento histórico e uma subjetivação individual. Podemos dar de imediato uma definição formal da Ideia: uma Ideia é a subjetivação de uma relação entre a singularidade de um processo de verdade e uma representação da História.

No caso que nos interessa aqui, diremos que uma Ideia é a possibilidade do indivíduo de compreender que sua participação num processo político singular (sua entrada num corpo de verdade) é também, em certo sentido, uma decisão histórica. Com a Ideia, o indivíduo, enquanto elemento do novo Sujeito, realiza seu pertencimento no movimento da História. A palavra "comunismo" foi durante cerca de dois séculos (desde a "comunidade dos iguais" de Babeuf até os anos 1980) o nome mais importante de uma Ideia situada no campo das políticas de emancipação ou políticas revolucionárias. Ser comunista era talvez ser militante de um partido comunista em determinado país. Mas ser militante de um partido co-

---

[4] Em meu livro *Para uma nova teoria do sujeito*, publicado em 1982, o par da subjetivação e do processo subjetivo tem um papel fundamental. Sinal suplementar do fato de que, como defende Bruno Bosteels em suas obras (inclusive em sua tradução para o inglês da citada *Para uma nova teoria do sujeito*, publicada com um comentário excepcional), eu volto pouco a pouco a certas intuições dialéticas desse livro.

munista era ser um dos milhões de agentes de uma orientação histórica de toda a humanidade. A subjetivação ligava, no elemento da Ideia do comunismo, o pertencimento local a um processo político e ao imenso domínio simbólico da marcha da humanidade em direção a sua emancipação coletiva. Distribuir panfletos na rua também era subir ao palco da História.

Compreende-se desde já por que a palavra "comunismo" não pode ser um nome puramente político: no caso do indivíduo do qual ela sustenta a subjetivação, ela liga o processo político a outra coisa que não é ele próprio. Ela também não pode ser uma palavra puramente histórica, porque, sem o processo político efetivo, do qual veremos que contém parte irredutível de contingência, a História é apenas um simbolismo vazio. E, por fim, ela também não pode ser uma palavra puramente subjetiva ou ideológica, porque a subjetivação opera "entre" a política e a história, entre a singularidade e a projeção dessa singularidade numa totalidade simbólica, e, sem essas materialidades e essas simbolizações, ela não pode advir ao regime de uma decisão. A palavra "comunismo" tem o *status* de uma Ideia, o que significa que, partindo de uma incorporação, portanto do interior de uma subjetivação política, essa palavra denota uma síntese da política, da história e da ideologia. É por isso que é melhor compreendê-la como uma operação do que como uma noção. A Ideia comunista existe apenas na fronteira do indivíduo e do processo político, como esse componente da subjetivação que se sustenta por uma projeção histórica da política. A Ideia comunista é o que constitui o devir Sujeito político do indivíduo como sendo também e ao mesmo tempo sua projeção na História.

Ainda que seja apenas para me deslocar para os territórios especulativos do meu amigo Slavoj Žižek[5], acredito que é esclarecedor

---

[5] Slavoj Žižek é provavelmente o único pensador, hoje, que pode se manter próximo das contribuições de Lacan e defender com constância e energia o retorno da Ideia do comunismo. É porque seu verdadeiro mestre é Hegel, do qual ele dá uma interpretação totalmente nova, já que não a subordina ao motivo da Totalidade. Digamos que, hoje, existam duas maneiras de salvar a Ideia do comunismo na filosofia: renunciar a Hegel, de maneira dolorosa, aliás, e à custa de análises

formalizar a operação da Ideia em geral, e da Ideia comunista em particular, no registro das três instâncias do Sujeito definidas por Lacan: o real, o imaginário e o simbólico. Afirmaremos, em primeiro lugar, que o próprio processo de verdade é o real do qual a Ideia se sustenta. Admitiremos, em segundo lugar, que a História possui apenas uma existência simbólica. Na verdade, ela não saberia aparecer. Para aparecer, é preciso pertencer a um mundo. Mas a História, como suposta totalidade do devir dos homens, não tem nenhum mundo que possa situá-la numa existência efetiva. Ela é uma construção narrativa posterior ao fato. Concederemos, por fim, que a subjetivação, que projeta o real no simbólico de uma História, só pode ser imaginária, pela razão capital que nenhum real se deixa simbolizar tal e qual. O real existe, em determinado mundo e sob condições muito particulares, às quais voltarei adiante. Mas ele é, como Lacan disse e repetiu, "insimbolizável". Portanto, não é "realmente" que podemos projetar o real de um processo de verdade na simbólica narrativa da História. É apenas imaginariamente, o que não significa que isso seja inútil, negativo ou sem efeito. Muito pelo contrário, é na operação da Ideia que o indivíduo encontra o recurso de consistir "em Sujeito"[6]. Portanto, sustentaremos o seguinte: a Ideia expõe uma verdade numa estrutura de ficção. No caso particular da Ideia comunista, operante quando a verdade da qual se trata é uma sequência política emancipadora, diremos que "comunismo" expõe essa sequência (e, portanto, os militantes dessa sequência) na ordem simbólica da História. Ou ainda, a Ideia comunista é a operação imaginária pela qual uma subjetivação indi-

---

repetidas de seus textos (é o que eu faço), ou propor um Hegel diferente, um Hegel desconhecido, é o que Žižek faz com base em Lacan (que, dirá Žižek, foi sempre, primeiro explicitamente, depois secretamente, um excelente hegeliano).

[6] Viver "em Sujeito" é entendido em dois sentidos. O primeiro é como na máxima "viver em Imortal", traduzida de Aristóteles. "Em" quer dizer "como se fosse". O segundo é topológico: a incorporação significa, na verdade, que o indivíduo vive "no" corpo-sujeito de uma verdade. Essas nuances são esclarecidas pela teoria do corpo de verdade que encerra meu livro *Logiques des mondes*, uma conclusão decisiva, mas, devo admitir, ainda compacta e difícil.

vidual projeta um fragmento de real político na narração simbólica de uma História. É nesse sentido que é judicioso dizer que a Ideia é (como já esperávamos!) ideológica[7]. Hoje, é essencial compreender que "comunista" não pode mais ser o adjetivo que qualifica uma política. Esse curto-circuito entre o real e a Ideia gerou expressões – como "partido comunista" ou "Estado comunista", um oxímoro que a expressão "Estado socialista" tentou evitar – que só depois de um século de experiências épicas e ao mesmo tempo terríveis compreendemos que eram malformadas. Podemos ver nesse curto-circuito o efeito de longo curso das origens hegelianas do marxismo. Para Hegel, a exposição histórica das políticas não é uma subjetivação imaginária, mas o real em pessoa. Porque o axioma crucial da dialética tal como ele a concebe é que "o Verdadeiro é o devir dele mesmo" ou, o que dá no mesmo, "o Tempo é o ser-aqui do Conceito". Consequentemente, segundo o legado especulativo hegeliano, temos boas razões para pensar que a marca histórica, sob o nome de "comunismo", das sequências políticas revolucionárias, ou dos fragmentos díspares da emancipação coletiva, revela a sua verdade, que é progredir de acordo com o sentido da História. Essa subordinação latente das verdades ao seu sentido histórico implica que podemos falar "em verdade" de políticas comunistas, partidos comunistas e militantes comunistas. Mas vemos que, hoje, é preciso evitar essa adjetivação. Para combatê-la, tive de afirmar inúmeras vezes que a História não existe, o que concorda com minha concepção das verdades, ou seja, que elas não têm nenhum sentido, sobretudo no sentido de uma História. Mas hoje devo precisar esse veredito. Não há dúvida de que não existe nenhum real da História, portanto é verdade, transcendentalmente verdade, que ela não pode existir. O descontínuo dos mundos é a lei do aparecer e, portanto, da existência. Contudo, o que existe, sob a condição real da ação política organizada, é a Ideia comunista,

---

[7] No fundo, para compreender a cansada palavra "ideologia", o mais simples é permanecer o mais próximo de sua formação: é "ideológico" o que diz respeito a uma Ideia.

operação que está ligada à subjetivação intelectual e que integra, no nível individual, o real, o simbólico e o ideológico. Devemos restituir essa Ideia, dissociando-a de qualquer uso predicativo. Devemos salvar a Ideia, mas também libertar o real de qualquer coalescência imediata com ela. Só podem ser destacadas pela Ideia comunista, como força possível do devir Sujeito dos indivíduos, políticas das quais, em última análise, seria absurdo dizer que são comunistas.

Portanto, é preciso começar pelas verdades, pelo real político, para identificar a Ideia na triplicidade de sua operação: real-política, simbólico-História, imaginário-ideologia.

Começo lembrando meus conceitos usuais, numa forma muito abstrata e muito simples.

Denomino "evento" uma ruptura na disposição normal dos corpos e das linguagens tal como ela existe para uma situação particular (se nos remetemos a *O ser e o evento* [1988] ou *Manifesto pela filosofia* [1989]) ou tal como aparece num mundo particular (se nos remetemos a *Logiques des mondes* [2006] ou *Second manifeste pour la philosophie* [2009]). O que é importante aqui é notar que um evento não é a realização de uma possibilidade interna à situação ou dependente das leis transcendentais do mundo. Um evento é a criação de novas possibilidades. Situa-se não simplesmente no nível das possibilidades objetivas, mas no nível da possibilidade dos possíveis. O que também pode ser dito: em relação à situação ou ao mundo, um evento abre a possibilidade daquilo que, do estrito ponto de vista da composição dessa situação ou da legalidade desse mundo, é propriamente impossível. Se recordamos que, para Lacan, temos a equação real = impossível, vemos de imediato a dimensão intrinsecamente real do evento. Poderíamos dizer também que um evento é o advindo do real enquanto possível futuro dele mesmo.

Denomino "Estado" ou "estado da situação" o sistema de imposições que limitam justamente a possibilidade dos possíveis. Poderíamos dizer do mesmo modo que o Estado é aquilo que prescreve o que, em dada situação, é o impossível próprio dessa situação, com base na prescrição formal do que é possível. O Estado é sempre a finitude da possibilidade, e o evento é sua infinitização. Por exemplo, o que constitui hoje o Estado em relação às possíveis políticas? A economia capitalista, a forma constitucional do governo, as leis (no sentido jurídico) relativas à propriedade e à herança, o exército, a polícia... Vemos como, por meio de todos esses dispositivos, de todos esses aparelhos, inclusive os que Althusser denominava "aparelhos ideológicos de Estado" – e que poderíamos definir por um objetivo comum: impedir que a Ideia comunista designe uma possibilidade –, o Estado organiza e mantém, com frequência pela força, a distinção entre o que é possível e o que não é. Daí resulta claramente que um evento é uma coisa que advém enquanto livre da força do Estado.

Denomino "processo de verdade" ou "verdade" uma organização contínua das consequências de um evento numa situação (no mundo). Notamos de imediato que um acaso essencial, o de sua origem eventiva, copertence a toda verdade. Denomino "fatos" as consequências da existência do Estado. Observamos que a necessidade integral está sempre do lado do Estado. Vemos, portanto, que uma verdade não pode ser composta de puros fatos. A parte não factual de uma verdade depende de sua orientação, e diremos que ela é subjetiva. Também diremos que o "corpo" material de uma verdade, na medida em que é subjetivamente orientado, é um corpo excepcional. Apelando sem complexos para uma metáfora religiosa, digo de bom grado que o corpo de verdade, por aquilo que nele não se deixa limitar aos fatos, pode ser chamado de corpo glorioso. Em relação a esse corpo, que na política é o corpo de um novo Sujeito coletivo, de uma organização de múltiplos indivíduos, diremos que ele participa da criação de uma verdade política. Tratando-se do Estado do mundo no qual essa criação é ativa, falaremos de fatos históricos. A História como tal, composta de fatos históricos, não está livre da força do Estado. A História não é nem subjetiva nem gloriosa. Devemos dizer antes que a História é a história do Estado[8].

---

[8]   Que a História seja a história do Estado é uma tese introduzida no campo da intelectualidade política por Sylvain Lazarus, mas da qual ainda não fo-

Podemos voltar agora ao que dizíamos a respeito da Ideia comunista. Se, para um indivíduo, uma Ideia é a operação subjetiva pela qual uma verdade real particular é imaginariamente projetada no movimento simbólico de uma História, podemos dizer que uma Ideia apresenta a verdade como se ela fosse um fato. Ou ainda, que a Ideia apresenta certos fatos como símbolos do real da verdade. Foi assim que a Ideia do comunismo pôde permitir que a política revolucionária e seus partidos fossem inseridos na representação de um sentido da História cujo resultado necessário era o comunismo. Ou se pôde falar de uma "pátria do socialismo", o que equivalia a simbolizar a criação de um possível, frágil por definição, graças à solidez de um poder. A Ideia, que é uma mediação operatória entre o real e o simbólico, apresenta sempre ao indivíduo algo que se situa entre o evento e o fato. É por isso que as intermináveis discussões sobre o estatuto real da Ideia comunista não têm saída. Trata-se de uma Ideia reguladora, no sentido de Kant, sem eficácia real, mas capaz de fixar finalidades razoáveis em nosso entendimento? Ou se trata de um programa que deve ser realizado aos poucos pela ação sobre o mundo de um novo Estado pós-revolucionário? É uma utopia, uma utopia perigosa e até criminosa? Ou é o nome da Razão na História? Não saberíamos levar a cabo esse tipo de discussão, porque a operação subjetiva da Ideia é composta e não simples. Ela envolve, como condição real absoluta, a existência de sequências reais da política de emancipação, mas supõe também o desdobramento de uma palheta de fatos históricos aptos à simbolização. Não diz (isso seria submeter o processo de verdade às leis do Estado) que o evento e suas consequências políticas organizadas são redutíveis a fatos. Mas também não diz que os fatos são inaptos a qualquer trans-crição (para jogar com as palavras, como faz Lacan) histórica dos caráteres

---

ram publicados todos os desenvolvimentos. Mais uma vez, é preciso dizer que meu conceito ontológico-filosófico do Estado, tal como introduzido em meados dos anos 1980, é marcado por uma origem (matemática) diferente e por um destino (metapolítico) diferente. Contudo, a compatibilidade se mantém num ponto capital: nenhum processo de verdade política pode, em sua essência própria, ser confundido com as ações históricas de um Estado.

típicos de uma verdade. A Ideia é uma fixação histórica do que há de fugidio, livre, inapreensível no devir de uma verdade. Mas ela só é assim na medida em que reconhece como seu real essa dimensão aleatória, fugidia, esquiva e inapreensível. É por isso que cabe à Ideia comunista responder à pergunta: "De onde vêm as ideias certas?", como fez Mao. As "ideias certas" (isto é, o que compõe o traçado de uma verdade numa situação) vêm da prática. Evidentemente, entendemos que "prática" é o nome materialista do real. Sendo assim, convém dizer que a Ideia que simboliza na História o devir "em verdade" das ideias (políticas) certas, ou seja, a Ideia do comunismo, vem *in fine* da prática (da experiência do real), mas não por isso pode ser reduzida a ela. É porque ela é o protocolo não da existência, mas da exposição de uma verdade ativa.

Tudo isso explica, e de certo modo justifica, que afinal de contas tenhamos podido expor as verdades da política de emancipação na forma de seu contrário, isto é, na forma de um Estado. Já que se trata de uma relação ideológica (imaginária) entre um processo de verdade e fatos históricos, por que hesitar em levar a cabo essa relação, por que não dizer que se trata de uma relação entre evento e Estado? *O Estado e a revolução** é o título de um dos textos mais famosos de Lenin. E é justamente do Estado e do Evento de que se trata. Contudo, Lenin, seguindo Marx nesse ponto, tem o cuidado de dizer que o Estado de que se tratará após a Revolução deverá ser o Estado do enfraquecimento do Estado, o Estado como organizador da transição para o não Estado. Portanto, devemos dizer o seguinte: a Ideia do comunismo pode projetar o real de uma política, sempre isento da força do Estado, na figura histórica de um "outro Estado", desde que a isenção seja interna a essa operação subjetivante, no sentido de que esse "outro Estado" também é isento da força do Estado, portanto de sua própria força, na medida em que é um Estado cuja essência é enfraquecer.

É nesse contexto que devemos pensar e aprovar a importância decisiva dos nomes próprios em qualquer política revolucionária.

---

* São Paulo, Expressão Popular, 2011. (N. E.)

Essa importância é, na verdade, espetacular e paradoxal. De um lado, a política de emancipação é essencialmente a das massas anônimas, é a vitória dos sem-nome[9], daqueles que são mantidos pelo Estado numa monstruosa insignificância. De outro, ela é marcada de uma ponta a outra por nomes próprios que a identificam historicamente, e a representam, de maneira bem mais intensa do que nas outras políticas. Por que essa sequência de nomes próprios? Por que esse glorioso panteão dos heróis revolucionários? Por que Espártaco, Thomas Münzer, Robespierre, Toussaint-Louverture, Blanqui, Marx, Lenin, Rosa Luxemburgo, Mao, Che Guevara e tantos outros? É porque todos esses nomes próprios simbolizam historicamente, na forma de um indivíduo, de uma pura singularidade do corpo e do pensamento, a rede rara e ao mesmo tempo preciosa das sequências fugidias da política como verdade. Aqui, o formalismo sutil dos corpos de verdade é legível como existência empírica. O indivíduo qualquer encontra indivíduos gloriosos e típicos como mediação de sua própria individualidade, como prova de que ele pode contrariar sua finitude. A ação anônima de milhões de militantes, insurretos e combatentes, por si mesma irrepresentável, é reunida e contada como um no símbolo simples e poderoso do nome próprio. Assim, os nomes próprios participam

---

[9] Os "sem-nome", os "sem-parte" e, no fim das contas, em todas as ações políticas contemporâneas, a função organizadora dos operários "sem-papel" [imigrantes ilegais], tudo isso diz respeito a uma apresentação negativa, ou antes privativa, do território humano das políticas de emancipação. Jacques Rancière, sobretudo com base em um estudo aprofundado desses temas no século XIX, pôs particularmente em evidência, no campo filosófico, a importância democrática do não pertencimento a uma classificação dominante. Na verdade, essa ideia remonta no mínimo ao Marx dos *Manuscritos econômico-filosóficos* [São Paulo, Boitempo, 2004] de 1844, que define o proletariado como humanidade genérica, pelo fato de que não possui por si mesmo nenhuma das propriedades pelas quais a burguesia define o Homem (decente, normal ou "íntegro", diríamos hoje). Ela se encontra no fundamento da salvação que Rancière tenta garantir para a palavra "democracia", como vemos em seu ensaio *O ódio à democracia* [ed. port.: Lisboa, Mareantes, 2006]. Não estou certo de que seja tão fácil salvar essa palavra; mas, em todo caso, penso que o desvio pela Ideia do comunismo é inevitável. A discussão começou e prosseguirá.

da operação da Ideia, e aqueles que citamos são componentes da Ideia do comunismo em suas diferentes etapas. Não hesitamos em dizer: a condenação do "culto da personalidade" por parte de Kruchov, no caso de Stalin, não era bem-vinda e anunciava, sob a aparência de democracia, o enfraquecimento da Ideia do comunismo a que assistimos nas décadas seguintes. A crítica política de Stalin e de sua visão terrorista do Estado deveria ser conduzida de maneira rigorosa, do ponto de vista da própria política revolucionária, e Mao fez mais do que esboçá-la em muitos de seus textos[10]. Já Kruchov, que na verdade defendia o grupo dirigente do Estado stalinista, não deu nenhum passo nessa direção e, com relação ao Terror praticado sob o nome de Stalin, contentou-se com uma crítica abstrata do papel dos nomes próprios na subjetivação política. Desse modo, ele próprio fez a cama onde os "novos filósofos" do humanismo reativo se deitaram uma década depois. Daí um ensinamento precioso: se as retroações políticas podem exigir que um nome em particular seja destituído de sua função simbólica, nem por isso se pode eliminar essa função. Porque a Ideia – e, em particular, porque ela se refere diretamente ao infinito popular, a Ideia comunista – precisa da finitude dos nomes próprios.

Vamos recapitular da maneira mais simples possível. Uma verdade é o real político. A História, inclusive como reservatório de nomes próprios, é um lugar simbólico. A operação ideológica da Ideia do comunismo é a projeção imaginária do real político na ficção simbólica da História, inclusive na forma de uma representação da ação das massas incontáveis pelo Um de um nome próprio. A função dessa Ideia é sustentar a incorporação individual na disciplina de um processo de verdade, autorizar o indivíduo, a seus próprios olhos, a exceder as imposições estatais da sobrevida, tornando-se uma parte do corpo de verdade ou corpo subjetivável.

---

[10] Para os textos de Mao sobre Stalin, remeto ao livrinho *Mao Tsé-Tung e a construção do socialismo* [Lisboa, Dom Quixote, 1975], com o claro subtítulo de "Modelo soviético ou via chinesa". Faço um comentário sobre ele, orientado pela ideia da eternidade do verdadeiro, na introdução de *Logiques des mondes*.

Perguntaremos então: por que é necessário recorrer a essa operação ambígua? Por que o evento e suas consequências devem também ser expostos na forma de um fato, e com frequência de um fato violento, acompanhado das variantes do "culto da personalidade"? Por que essa assunção histórica das políticas de emancipação? A razão mais simples é que a história comum, a história das vidas individuais, ocorre no Estado. A história de uma vida é por si mesma, sem decisão nem escolha, uma parte da história do Estado, cujas mediações clássicas são a família, o trabalho, a pátria, a propriedade, a religião, os costumes... A projeção heroica, mas individual, de uma exceção a tudo isso – como é um processo de verdade – também quer estar em partilha com os outros, quer se mostrar não só como exceção, mas também como possibilidade agora comum a todos. E esta é uma das funções da Ideia: projetar a exceção no comum das existências, preencher o que só faz existir com uma dose de inaudito. Convencer meu entorno individual, esposo ou esposa, vizinhos, amigos e colegas, de que existe também a fabulosa exceção das verdades em devir, de que não estamos fadados à formatação de nossa existência pelas exigências do Estado. É claro que, em última instância, apenas a experiência nua, ou militante, do processo de verdade, forçará a entrada desse ou daquele no corpo de verdade. Mas para conduzi-lo ao ponto em que essa experiência ocorre, para torná-lo espectador e, portanto, já meio ator daquilo que importa para uma verdade, a mediação da Ideia, a partilha da Ideia são quase sempre necessárias. A Ideia do comunismo (seja qual for o nome que tiver, isso tem pouca importância: nenhuma Ideia é identificável por seu nome) é aquilo por que podemos falar do processo de uma verdade na linguagem impura do Estado e assim deslocar, por algum tempo, as linhas de força pelas quais o Estado prescreve o que é possível e o que é impossível. O gesto mais comum nessa visão das coisas é levar alguém a uma verdadeira reunião política, longe de seu ambiente, longe de seus parâmetros existenciais codificados, a um alojamento de operários malianos, por exemplo, ou aos portões de uma fábrica. Indo ao local onde uma política procede, ele decidirá sua incorporação ou sua retirada. Mas, para ir ao local, é preciso que a Ideia – e há dois séculos, ou talvez desde Platão, trata-se da Ideia do comunismo – o pré-desloque na ordem das representações, da História e do Estado. É preciso que o símbolo confirme imaginariamente a fuga criadora do real. É preciso que fatos alegóricos ideologizem e historiem a fragilidade do verdadeiro. É preciso que uma pobre e decisiva discussão com quatro operários e um estudante numa sala escura seja momentaneamente ampliada às dimensões do Comunismo, e que assim ela possa ser ao mesmo tempo o que é e o que teria sido como momento da construção local do Verdadeiro. É preciso que se torne visível, pela ampliação do símbolo, que as "ideias certas" vêm dessa prática quase invisível. É preciso que a reunião de cinco pessoas num subúrbio perdido seja eterna na forma de sua precariedade. É por isso que o real deve se expor numa estrutura de ficção.

A segunda razão é que todo evento é uma surpresa. Se não fosse, seria previsível como fato e, consequentemente, se inseriria na história do Estado, o que é contraditório. Então podemos formular o problema da seguinte maneira: como nos preparar para essas surpresas? E, dessa vez, o problema existe, mesmo que já sejamos atualmente militantes das consequências de um evento anterior, mesmo que estejamos incluídos num corpo de verdade. É claro que propomos a manifestação de novos possíveis. Mas o evento que vier possibilitará o que, mesmo para nós, ainda permanece impossível. Para antecipar, ao menos ideologicamente, ou intelectualmente, a criação de novos possíveis, devemos ter uma Ideia. Uma ideia que envolva, é claro, a novidade dos possíveis que o processo de verdade do qual somos militantes atualizou, e que são possíveis reais, mas que também envolva a possibilidade formal de outros possíveis, ainda insuspeitos para nós. Uma Ideia é sempre a afirmação de que uma nova verdade é historicamente possível. E já que o acossamento do impossível em direção ao possível é feito pelo subtrair-se da força do Estado, podemos dizer que esse processo subtrativo é infinito: é sempre formalmente possível que a linha divisória estabelecida pelo Estado entre o possível e o impossível seja deslocada mais uma vez, por mais radicais que tenham sido seus deslocamentos precedentes, inclusive aquele de que participamos atualmente como militantes. É por isso que, hoje, um dos conteúdos da Ideia comunista –

e isso contra o tema do comunismo como objetivo a ser atingido pelo trabalho de um novo Estado – é que o enfraquecimento do Estado é provavelmente um princípio que deve ser visível em qualquer ação política (o que é expresso pela expressão: "política à distância do Estado", como recusa obrigatória de qualquer inclusão direta no Estado, de qualquer demanda de crédito ao Estado, de qualquer participação em eleições etc.), mas que é também uma tarefa infinita, porque a criação de verdades políticas novas sempre deslocará a linha divisória entre os fatos do Estado, portanto históricos, e as consequências eternas de um evento.

Isso nos permite concluir com as inflexões contemporâneas da Ideia do comunismo[11]. O balanço atual da Ideia do comunismo, como eu disse, é que a posição da palavra não pode mais ser a de adjetivo, como em "partido comunista" ou "regimes comunistas". A forma partido, assim como a de Estado socialista, é inadequada para garantir a sustentação real da Ideia. Aliás, esse problema encontrou uma primeira expressão negativa nos dois eventos cruciais dos anos 1960 e 1970: a Revolução Cultural na China e a nebulosa denominada "Maio de 1968" na França. Em seguida, novas formas políticas, que se referem todas a uma política sem partido, foram e ainda são experimentadas[12]. Numa escala de conjunto, no entanto, a forma moderna, dita "democrática", do Estado burguês, cujo suporte é o capitalismo globalizado, pode se apresentar como sem rival no campo ideológico. Durante três décadas, a palavra "comunismo" foi ou completamente esquecida, ou identificada na prática

---

[11] Sobre as três etapas da Ideia do comunismo, em especial aquela (a segunda) que viu a Ideia do comunismo tentar ser diretamente política (no sentido do programa, do partido e do Estado), remeto aos capítulos finais de meu "Circonstances 4" [Circunstâncias 4], cujo título é *De quoi Sarkozy est-il le nom?* [Sarkozy é nome de quê?].

[12] As experiências de novas formas políticas foram numerosas e apaixonantes nas últimas três décadas. Citamos: o movimento Solidarność na Polônia nos anos 1980 e 1981; a primeira sequência da revolução iraniana; a organização política na França; o movimento zapatista no México; os maoistas no Nepal... Não é o caso de sermos exaustivos.

com empresas criminosas. Foi por isso que a situação subjetiva da política se tornou tão confusa em todo o mundo. Sem Ideia, a desorientação das massas populares é inelutável.

Contudo, múltiplos sinais, e em especial a presente conferência*, indicam que esse período reativo está terminando. O paradoxo histórico é que, em certo sentido, estamos mais próximos dos problemas examinados na primeira metade do século XIX do que dos problemas que herdamos do século XX. Como por volta de 1840, estamos diante de um capitalismo cínico, certo de ser a única via possível de organização racional das sociedades. Insinua-se por toda a parte que os pobres não têm razão de ser pobres, os africanos são atrasados e o futuro pertence ou às burguesias "civilizadas" do mundo ocidental, ou àqueles que, a exemplo dos japoneses, seguirem o mesmo caminho. Tanto hoje quanto naquela época, encontramos zonas extensíssimas de miséria no próprio interior dos países ricos. Tanto entre países quanto entre classes sociais, encontramos desigualdades monstruosas e cada vez maiores. O fosso subjetivo e político entre os camponeses do Terceiro Mundo, os desempregados e os assalariados pobres de nossas sociedades "desenvolvidas", de um lado, e as classes médias "ocidentais", de outro, é absoluto e marcado por uma espécie de indiferença rancorosa. Mais do que nunca o poder político, como mostra a crise atual com sua palavra de ordem única ("salvar os bancos"), é fundado apenas no poder do capitalismo. Os revolucionários são desunidos e frouxamente organizados, amplos setores da juventude popular foram tomados por um desespero niilista, a grande maioria dos intelectuais é servil. Em oposição a tudo isso, tão isolados quanto Marx e seus amigos no momento do retrospectivamente famoso *Manifesto Comunista*, de 1847, somos cada vez mais numerosos a organizar processos políticos de tipo novo nas massas operárias e populares e a buscar todos os meios de apoiar no real as formas re-

---

* Este texto é a transcrição da fala de Alain Badiou na conferência "A ideia do comunismo", organizada por ele e Slavoj Žižek entre 13 e 15 de março de 2009, em Londres. Ver p. 24 deste volume. (N. E.)

nascentes da Ideia comunista. Como no início do século XIX, não se trata da vitória da Ideia, como foi o caso, de forma imprudente e dogmática demais, durante parte do século XX. O que importa é sua existência e os termos de sua formulação. Em primeiro lugar, dar uma sólida existência subjetiva à hipótese comunista. Essa é a tarefa que nossa assembleia de hoje cumpre à sua maneira. E, eu quero dizer, é uma tarefa exaltante. Combinando as construções do pensamento, que são sempre globais e universais, e as experimentações de fragmentos de verdades, que são locais e singulares, mas universalmente transmissíveis, podemos garantir a nova existência da hipótese comunista, ou melhor, da Ideia comunista, nas consciências individuais. Podemos inaugurar o terceiro período de existência dessa Ideia. Nós podemos, logo devemos.

OBRAS DO AUTOR

Le concept de modèle: introduction à une épistémologie matérialiste des mathématiques. Paris, Maspero, 1969. [Ed. bras.: *Sobre o conceito de modelo.* São Paulo/Lisboa, Mandacaru/Estampa, 1989.]
Théorie du sujet. Paris, Seuil, 1982. [Ed. bras.: *Para uma nova teoria do sujeito.* Rio de Janeiro, Relume Dumará, 1994.]
Peut-on penser la politique? Paris, Seuil, 1985.
Beckett, l'increvable désir. Paris, Hachette, 1995.
L'être et l'événement. Paris, Seuil, 1988. [Ed. bras.: *O ser e o evento.* Rio de Janeiro, Jorge Zahar, 1996.]
Manifeste pour la philosophie. Paris, Seuil, 1989. [Ed. bras.: *Manifesto pela filosofia.* Rio de Janeiro, Aoutra, 1991.]
Le nombre et les nombres. Paris, Seuil, 1990.
Conditions. Paris, Seuil, 1992.
L'éthique: essai sur la conscience du mal. Paris, Hatier, 1993. [Ed. bras.: *Ética: um ensaio sobre a consciência do mal.* Rio de Janeiro, Relume Dumará, 1995.]
Deleuze: la clameur de l'Être. Paris, Hachette, 1997. [Ed. bras.: *Deleuze: o clamor do ser.* Rio de Janeiro, Jorge Zahar, 1997.]
Saint Paul: la fondation de l'universalisme. Paris, PUF, 1997. [Ed. bras.: *São Paulo: a fundação do universalismo.* São Paulo, Boitempo, 2009.]
Court traité d'ontologie transitoire. Paris, Seuil, 1998. [Ed. port.: *Breve tratado de ontologia transitória.* Lisboa, Instituto Piaget, 1999.]
Petit manuel d'inesthétique. Paris, Seuil, 1998. [Ed. bras.: *Pequeno manual de inestética.* São Paulo, Estação Liberdade, 2002.]
Abrégé de métapolitique. Paris, Seuil, 1998. [Ed. port.: *Compêndio de metapolítica.* Lisboa, Instituto Piaget, 1999.]
Le siècle. Paris, Seuil, 2005. [Ed. bras.: *O século.* Aparecida, Ideias e Letras, 2007.]
Logique des mondes. L'être et l'événement, 2. Paris, Seuil, 2006. [Ed. arg.: *Lógicas de los mundos.* Buenos Aires, Manantial, 2008.]
De quoi Sarkozy est-il le nom? Paris, Lignes, 2007.

Petit panthéon portatif. Paris, La Fabrique, 2008.
L'antiphilosophie de Wittgenstein. Caen, Nous, 2009.
Second manifeste pour la philosophie. Paris, Fayard, 2009. [Ed. arg.: *Segundo manifiesto por la filosofía.* Buenos Aires, Manantial, 2010.]
Éloge de l'amour. Paris, Flammarion, 2009.
L'hypothèse communiste. Paris, Lignes, 2009. [Ed. bras.: *A hipótese comunista.* São Paulo, Boitempo, 2012.]
Il n'y a pas de rapport sexuel. Paris, Fayard, 2010.

COLEÇÃO

ESTADO de SÍTIO

coordenação Paulo Arantes

OUTROS TÍTULOS DA COLEÇÃO

Até o último homem
**Felipe Brito e
Pedro Rocha de Oliveira** (orgs.)

Bem-vindo ao deserto do Real!
Slavoj Žižek

Brasil delivery
Leda Paulani

Cidades sitiadas
Stephen Graham

Cinismo e falência da crítica
Vladimir Safatle

Comum
Pierre Dardot e Christian Laval

As contradições do lulismo
André Singer e Isabel Loureiro (orgs.)

Ditadura: o que resta da transição
Milton Pinheiro (org.)

A era da indeterminação
**Francisco de Oliveira e
Cibele Rizek** (orgs.)

A escola não é uma empresa
Christian Laval

Estado de exceção
Giorgio Agamben

Evidências do real
Susan Willis

Extinção
Paulo Arantes

Fluxos em cadeia
Rafael Godoi

Guerra e cinema
Paul Virilio

Hegemonia às avessas
**Chico de Oliveira, Ruy Braga e
Cibele Rizek** (orgs.)

Mal-estar, sofrimento e sintoma
Christian Ingo Lenz Dunker

A nova razão do mundo
Pierre Dardot e Christian Laval

O novo tempo do mundo
Paulo Arantes

Opus Dei
Giorgio Agamben

Poder e desaparecimento
Pilar Calveiro

O poder global
José Luís Fiori

O que resta da ditadura
**Edson Teles e
Vladimir Safatle** (orgs.)

O que resta de Auschwitz
Giorgio Agamben

O reino e a glória
Giorgio Agamben

Rituais de sofrimento
Silvia Viana

Saídas de emergência
**Robert Cabanes, Isabel Georges,
Cibele Rizek e Vera S. Telles** (orgs.)

São Paulo
Alain Badiou

Tecnopolíticas da vigilância
**Fernando Bruno, Bruno Cardoso,
Marta Kanashiro, Luciana Guilhon
e Lucas Melgaço** (orgs.)

O uso dos corpos
Giorgio Agamben

Videologias
Maria Rita Kehl e Eugênio Bucci

Este livro foi composto em Adobe Garamond Pro, corpo 11/14, e reimpresso em papel Avena 80g/m² pela gráfica Lis, para a Boitempo, em setembro de 2020, com tiragem de 500 exemplares.